DIVERSITY

THE DIVERSITY AND INNOVATION HANDBOOK

成果・イノベーションを創出する

ダイバーシティマネジメント大全

西村直哉
NAOYA NISHIMURA

クロスメディア・パブリッシング

働き方の変化によって加速化する、ダイバーシティ・マネジメント

パンデミックによる急速な社会変革

2020年、世界中で働き方が変わろうとしています。

"職場"や"協働"という概念は変わり、社員の構成もさらに多様化することが見込まれる今、その変化に対応できるマネジメントのバージョンアップが求められています。

東京オリンピック・パラリンピック開催を予定していた2020年は、日本にとって華々しい１年となるはずでしたが、2019年末に中国発で新型コロナウイルス感染症（以降「新型コロナ」）が世界に拡大されたことにより、オリンピック・パラリンピックどころか、私たちの生活様式そのものが一変しました。

未知の感染症が世界へと拡がったことによって、WHOは2020年１月末に緊急事態宣言を発出。３月にはパンデミックとして認定。世界中の感染者数と死者数は一気に増加し続け、その勢いは現時点（2020年９月）でも収まる気配が見えません。

日本でも、「3密」「ソーシャルディスタンス」という言葉によって、密閉・密集・密接を避け、他者から2メートル以上離れる社会的距離の重要性が指摘されています。

緊急事態宣言の発令後、外出自粛要請に加え、さまざまな業種が休業要請を受けました。

多くの企業がテレワークや時差通勤へ、会議もオンラインへと移行しました。コロナ禍の長期化が予測される中では、対面できない環境でも経済活動を維持できることが事業継続のカギとなります。

Google、Apple、Facebook各社は、2020年末まで社員の在宅勤務を継続することを、Twitter社は生産性が向上したことから在宅勤務を永続的なものにすることを発表しました。

現在、コロナ禍によって、オフィスでの対面業務という常識が覆されています。

リスクと向き合い、社会のシステムそのものを変容させねばならない時が来たのです。

「集中・集約化」のリスクと向き合う

日本では"ひとつの場所に集まって働く"ことが、経済活動の大前提でした。

"人が都市部に集まることで生産性を上げよう"と、「集中・集約化」がまちづくりや経済活動の拠点づくりの基本となっていました。

その背景には、国が掲げていた「コンパクトシティ」という政策方針があります。①財政・経済、②少子高齢化に適した環境、③環境保全、④防災の4つを効率化させるため、ヒトやモノを一箇所に集中させようという考えです。

首都東京は、政治・経済の中心地として一極集中の地となっています。一部上場企業の約半数が東京に本社を構え、多くの企業や法人も都心部に拠を構えています。

　東京を中心とした首都圏には、日本人口の３割が暮らしており、「集中・集約化」によって首都圏には人材も含めた資本が揃うシステムができているのです。

　ところが、この「集中・集約化」が大惨事を招く重大なリスクになり得るのです。その事実を露呈させる出来事がこの20年の間に起こりました。それが「9.11」「3.11」、そして今、私たちが直面している「新型コロナ」です。

◇9.11／テロ

　2001年９月11日、アメリカ同時多発テロ事件（9.11）が起こり、負傷者と死者を合わせ９千人以上の被害者が出ました。

　攻撃を受けた場所のひとつ、マンハッタンのシンボルでもあったワールドトレードセンターが黒煙をあげ、人々の悲鳴が飛び交う様は、テロの恐怖を世界に刻みつけました。

　このタワーは、当時110階建てで世界一の高さを誇り、金融や保険など、さまざまな業種のオフィスと政府機関が入っており、多くの従業員が勤めていました。テロ発生時には観光客もあわせて１万４千人以上の人々がいたといわれています。

　その後も続いた同時多発テロでは、スタジアムや劇場など、人が多く集まる場所がターゲットになっています。
「集中・集約化」によって１箇所に人やシステムが集まれば、テロリストの標的にもなりやすく、その被害もまた甚大なものとなってしまいます。

◇3.11／震災

　こうした危険は、人災に限ったものではありません。2011年3月11日に起きた東日本大震災（3.11）でも多くの被害が出ました。その被害は人命に限らず、さまざまな製造業も大打撃を受けました。

　例えば、半導体大手のある企業は北関東にある工場が被災し、生産再開まで3カ月を要しました。それにより、国内外の自動車大手企業の工場も生産停止を余儀なくされ、経済が冷え込む結果にもつながりました。

　海外アウトソーシングが当たり前となったグローバル社会では、ひとつの部品をつくる工場が被害を受ければ、国内外の工場も機能停止に陥り、製造業は身動きがとれなくなります。

　3.11は、人間によってつくられた社会の脆弱さやグローバル化によってもたらされた弊害を明らかにしたのです。

◇新型コロナ／感染症

　国内外につながる連鎖とそのリスクは、感染症にも同じことが言えます。誰でも自由に移動ができるようになったからこそ、ウイルスの感染範囲も広がっています。

　日本国内でも人口が集中している東京が感染者数最多となっています。主に夜の接待を伴う飲食店や密閉された空間（ライブハウス、カラオケボックスなど）がクラスターの中心であると報道されていました。

　外出自粛や入国禁止によってインバウンド需要も大きく下がり、航空・観光・飲食業界をはじめ、倒産の危機に瀕している事業者は少なくありません。

物理的に人が集まることを前提とするシステムが機能しない世界では、学校教育や仕事だけでなく、私たちの生活そのものにおいてデジタル活用が必須条件となってきています。

ダイバーシティという目前の課題

"コンパクトシティ"を目指し、「集中・集約化」を行ってきた日本。

効率性という名目のもと、ヒト・モノ・システムが1箇所に集まり、この国を動かしています。しかし、急所をつかれては、たちどころに社会は機能しなくなる。そのリスクはあまりにも甚大です。

効率化や目先の利益にとらわれることなく、天災などのリスクが起こったとしても持続できる社会システムが求められています。

2020年は、世界にとって悲劇の1年となり、私たちの暮らしと働き方を一変するようなパラダイムシフトが起こりました。

生産拠点は国外から国内へと回帰し、企業内ではテレワーク化が進むことで、これまでの「当たり前」が通用しなくなる未来が来ます。在宅ワーカーが増えれば、自然と消費社会のあり方も変化し、ライフスタイルも一変するでしょう。

今までのBCP（事業継続計画）のあり方が通用しなくなる時代では、災害リスク下でも自社が発展していける方法やイノベーションの種を仕込まなければ、大企業であろうと生き残れません。

では、社会変革を目前に、企業はどのような変質を遂げればよいのでしょうか。

・集中・集約のリスク対策はとれているのか？

・それを、どのように"企業経営""組織の問題"として落とし込むのか？

・多様化するヒト・モノ・システムはどのようにしたら管理できるのか？

　こうした喫緊の課題に直面している今、私たちがやるべきことは、過去と現在から学び、その答えを実践していくことです。

　多様性を認めるダイバーシティ・マネジメントから発展した、成果・イノベーションを創出するダイバーシティへ。

　"未来"を構築する時が、今来たのです。

西村直哉

Ⅲ章
2％のマイノリティを活かすマネジメント
——外国人、障害者

Ⅳ章

多様な生活様式を活かすマネジメント

──育児、介護、傷病治療、学習との両立

V 章
時空間を超えるマネジメント
──テレワーク

Ⅵ章
成果を創出するマネジメント

VII章
ダイバーシティからイノベーションへ

I 章

ダイバーシティ・マネジメントの今

──ver. 1 からver. 2 へ

　ダイバーシティと一口に言っても、環境変化が目まぐるしく変わる今、その概念も更新し続けています。I章では今までのダイバーシティ・マネジメント（ver. 1）から、最新のダイバーシティ・マネジメント（ver. 2）までの概観を説明し、ダイバーシティ・マネジメントの全体像をつかんでいただきます。

「9.11」「3.11」「新型コロナ」から
学ぶもの

　プロローグでも触れたとおり、これまで効率化を重視し、都市部にヒト・モノ・システムを一極集中させることで、政治と経済は支えられてきました。ところが、この「集中・集約化」が社会の機能停止を招く元になることが、「9.11」「3.11」「新型コロナ」という３つの災厄から明らかとなりました。これからのマネジメントを紐解く意味で、大変重要なことになりますので、繰り返しになるテーマですが、その前提を踏まえたうえで話を展開していきたいと思います。

　効率的である「集中・集約化」は、人間社会にとってあまりにもリスクが大き過ぎるのです。

　同時多発テロ、大震災、未知なる疫病。
　移動手段や通信システム、医療など、文明がどれほど発達しても、未曾有の出来事は起こります。そのような中で、企業はどのようなリスク対策を設ければ、経営破綻することなく、従業員や企業の未来を守ることができるのか。

　それを考えるためには、まずは過去・現在に受けた多大な被害から何を学ぶべきかを知る必要があります。

「単一化」というリスク

9.11の実行犯も日本人ジャーナリストを誘拐・殺害する事件を起こしたアイシル（ISIL）も、ある宗教の過激派テロ組織です。

こうした国際テロ組織に共通して見られるのが"強い同質性"です。同質の仲間しか決して認めずそれ以外の者を排除して、さらに少数意見を黙殺して過激な意見に合わせるように誘導する同調圧力が、ヒトをテロという過激で非人道的な行動に向かわせました。また、その同質性による連帯意識によって仲間を増やしていきました。

残念ながら、これはテロ組織に限った問題ではありません。テロの被害にあった国々では、不安や恐怖から排他的になり、テロリストではない中東系移民が人権侵害を受ける出来事が相次ぎました。

大災害から人間社会が学ぶべきことは、"同質性や同調圧力"は大きなリスクになるという事実です。

時間とコスト、そして人命をかけてアルカイダやISILを一掃できたとしても、火種である"同質性や同調圧力"がある限り、次なるテロリストたちは生まれ続けます。

テロに限らずとも、同調圧力がある環境では、誰しも目が曇り、正しい判断ができなくなるものです。

「集約」のリスク

また、9.11や3.11の被害を見れば、1箇所集中は被害の最大化につながることもわかります。その拠点が壊滅的なダメージを受けて機能停止状態になれば、大きな損失が出てしまうでしょう。

投資の格言に「卵は１つのカゴに盛るな」というものがあります。

　卵を運ぶ際、１つのカゴに全ての卵を入れた場合、そのカゴを落としてしまったら全ての卵が割れてしまいます。しかし、例えば３つのカゴに分けて運べば、そのうちの１つのカゴを落として卵を割ってしまっても、損失は３分の１で済みます。

　これは分散投資の教えとして例に出される言葉ではありますが、リスクを分散させることで被害拡大を防ぐ考えという面では、人災・災害にも同じことが言えます。

　場所の集中は、被害の最大化にもつながる可能性があります。

　例えば、新型コロナの感染拡大の大きな要因は、感染者と時間・空間を共有することでした。１つの空間に多くの人が集中していれば、移動手段や施設利用などの面で見れば非常に効率的です。ところが、ウイルス感染の危機を高め、コロナ禍で「クラスター」と呼ばれるような状況を生み出してしまいます。

　それでは、「単一化」「集約」のリスクに対し、社会はどのように発展すればこうした危機を克服できるのでしょうか？

テレワーク実施が明らかにしたもの

「集約」のリスクに対し、できることは「分散」です。

　コロナ禍では３密（密閉・密集・密接）を避け、感染を防ぐためにも、緊急事態宣言下では多くの企業がテレワークを導入・実施しました。

　社員が１箇所に集中するようなこれまでのオフィスワークの企業では、マネジメントは一括管理で済みました。集約することで、協働による効率化という経営課題を解決できていたわけです。

ところが、テレワークになれば、そうはいきません。そうなれば、自然と一括管理では見えてなかった問題が炙り出されるようになります。

　例えば、テレワークができない業務は休業せざるを得ません。また、ネット環境やセキュリティ対策も必要です。対面のメリットであるコミュニケーションが希薄になればチームワークによって成り立っていた生産性が落ちるのではないか？　という不安もあるでしょう。また、管理職からすれば、部下の勤務時間の把握や働きぶりへの評価という点でも、これまでのマネジメントが通用しない問題があります。

　一方で、複数の企業のトップが、「テレワークで業務の効率が上がっている」と語り、「テレワークによって指示待ち社員の働き方が変わる」可能性を指摘しました。
　また最近、企業で働く社員のさまざまな調査を見ると「コロナ禍収束後もテレワークを行いたいか」との問いに半数以上の回答者が肯定的な回答をしています。

　物理的な環境づくりは、社内でも在宅でも同様で、解決できる問題です。
　テレワークによって生産性が向上するケースは多くあります。
　勤務場所や勤務時間を限定して大部屋に集め、成果ではなく部下の働きぶりを見て評価することが、果たして本当に妥当なマネジメントのあり方なのでしょうか？

　テレワークによって炙り出されたのは「一括管理」という手法の歪さでもあります。
　"社内"という隔離された空間では、"社員"という役割のみに徹することを誰もが求められてきました。そのために社員は、一定の時間・場

所で働ける人のみに限られることで、可能性のある多くの人材を捨てていました。

　しかし、逃れられない災害によって否が応でも導入せざるを得なくなったテレワークにより、必ずしも「単一化」「集約」だけが生産性を約束するものではないことが、多くの人の目にも明らかなものになっています。

「多様性」と「分散化」、つまりダイバーシティという概念が今後の経営の重要なキーワードとなります。

分散型の共存へ

「単一化」のリスクに対抗できるのは「多様化」です。

　日本社会は、少子高齢化によって労働者不足の問題を抱えています。その解決策として、男女雇用機会均等法によって女性の活躍を、「定年制度」を見直して高齢者の再雇用を、そして外国人労働者の力も借りるなど、社会の担い手の多様化による解決を推し進めています。

　通勤などの時間や空間による束縛という制約から解放されれば、さまざまな人が高いモチベーションをもって、個人の強みを仕事の成果へつなげられる働き方ができるようになります。

　逃れることのできないテロや災害、疫病といったリスクを乗り越えるには、そうした問題と向き合って共存する覚悟をもてる社会でなければなりません。

　時間や場所にとらわれることのない社会活動を支える、分散した共存のあり方が社会発展の必須条件だと言えるでしょう。

"バラツキ"が強みになるダイバーシティへ

　これまでの一括管理型のマネジメントは、できる限り会社が求めるような人材だけを採用し、効率的に働いてもらうためにありました。

　この「会社が求めるような人材」というのは、「図1-1　標準偏差」のグラフでいえば、山の頂きを中心にしたグループにあたります。標準偏差は統計学にも用いられるものですが、簡単にいえば"バラツキ"を示すグラフです。

　中央のグループの人たちは、平均値にあるような人たちなので、同質性が高いと言えます。管理する側からすれば、とても"扱いやすい"人たちです。

　ひとつのパターンにしか対応できないマネジメントでは、ひとつのパターンの社員しか集めることができず、生産性においても均一なものを維持することしかできません。

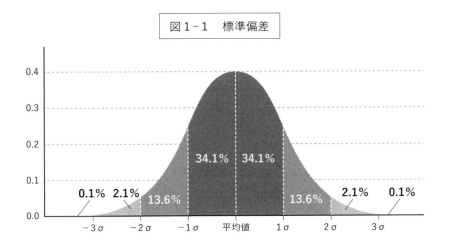

図1-1　標準偏差

しかし、これからの時代では、生き方も働き方も多様化し、その多様性が認められ、活かされる社会になります。そんな中で、こうした均一的な企業や製品に魅力を感じる社員と消費者はいるでしょうか？

　ダイバーシティでは、むしろ平準化された世界では見えなかった世界を知っている人たちこそが強みになります。
　情報源も判断基準も価値観も同質的な人たちばかりが集まれば、意思決定は視野の狭い限定的なものになってしまいます。「平均値±1σ」、つまり68.2%に入らないバラツキの大きい少数派こそが、これからの変化の時代に魅力あふれる価値が備わっている可能性は大いにあるのです。

　ひとつの山を描くように、平均的な社員も、異なる生き方や価値観をもつ社員も、それぞれがもつ強みを引き出せるマネジメントこそが、これからの時代の本質に適していると言えるでしょう。

これまでのマネジメントとは
──歴史的経緯

　新たなマネジメントのあり方について考えるには、まずは、その歴史と変遷を知る必要があります。

　マネジメント論の源流は、チェスター・I・バーナードの『経営者の役割』で提唱された組織論でしょう。その影響は、ノーベル経済学賞を受賞したハーバート・A・サイモンや、ピーター・F・ドラッカーの『マネジメント』（1973）につながっていったのだと思います。

現代のマネジメント理論──ピーター・ドラッカー

　ドラッカーは、1909年にオーストリアのウィーンで裕福な家庭に生まれました。大学教授の父のもと、幼少期から学者たちに囲まれて育ち、新聞記者として働きながら博士号を取得。ナチスドイツが台頭する中、ユダヤ系オーストリア人だったドラッカーは危険を感じ、イギリス、アメリカへと渡ります。その先で大学教授となりました。

　そんなドラッカーは、「成果」と「ヒト」のマネジメントにこだわりました。
　戦禍の暗い影に追われながらも懸命に生きる個人の強さ、そして移民を受け入れる自由と資本主義の国アメリカで見た組織力の強さが、その思想の背景にはあったのかもしれません。

「成果」にこだわるマネジメント

ドラッカーは次のように述べています。

「マネジメントの役割は、成果を上げることである。これこそ、実際に取り組んでみれば明らかなように、最も難しく、最も重要な仕事である。まさに組織の外部に成果を生み出すために資源を組織化することこそ、マネジメントの特有の機能である」(『マネジメント』1973)

簡潔に言えば、成果なくしてマネジメントはないということ。

だからこそ、組織の中にある経営資源、ヒト・モノ・カネを組織化するのですが、これらは常に不足状態。だからなんとかやりくりして成果につなげる。これがマネジメント特有の機能です。

潔く「成果」にこだわるマネジメントでは、手段としての"働き方"やメンバーの"属性"にはこだわらない点も重要になります。

「高学歴で新卒、素直でやる気に満ち溢れて、体力もガッツもある体育会系男子」ばかりにこだわることがマネジメントの本分ではありません。

成果を上げる時にこだわるべきポイントはたった3点です。

①成果を規定する
②その手段としての業務内容と業務プロセスを明らかにする
③成果に影響を与えない業務を排除し、余った時間を成果に影響を与える業務に投入する

つまり、「成果に影響を与えない要素」は、たとえそれがこれまで大切にしてきたヒトの属性であっても、重視してきた業務であっても排除していくことこそが成果達成の必須要件なのです。

「人の強み」にこだわるマネジメント

　また、個人から協働、組織、管理へと理論発展させていったバーナードと同じように、ドラッカーも個人の視点からマネジメントについて言及しています。

　　「マネジメントとは、ヒトに関わるものである。その機能は、ヒトが
　　共同して成果を上げることを可能とし、強みを発揮させ、弱みを無意
　　味にすることである」（『新しい現実』1989）

　仕事をするのは、個々人の"ヒト"です。
　どんな人にも得意分野や苦手分野はあります。その「強み」「弱み」を知ったうえでプラスを強化し、マイナスを無効化すること。そうして個人の活躍を最大化することがマネジメントだとドラッカーは言っているのです。

　これまでの日本企業では、同質性が高く扱いやすい人材を集めることで、「同じような強み」をもっている人たちに働いてもらっていました。しかし、ドラッカーの言葉によれば、このような一括管理のあり方はマネジメントとは呼べません。
　なぜなら、個人のもつ強みや弱みすらも把握できないからです。
　適材適所とは、ある特定の強みを保有しているヒトと、特定の強みが要求される業務を最適マッチングさせること。それによって組織全体としては、全員が自分の強みによって何かをなし、一人ひとりの強みを活かすこと。これが「人の強み」にこだわるマネジメントだと言えます。

これからのマネジメントとは
——アフターコロナ時代

　集中・集約のリスクがコロナ禍で露呈し、世界中の企業が社員の働く場をオフィスから在宅へと切り替えました。リスク対策として講じられたテレワークではありましたが、成果に直結する／しない要素を明らかにするきっかけともなりました。

　そのため、今までのマネジメントのあり方も見直され、いよいよドラッカーが唱えた「成果」にこだわるマネジメント、そして「人の強み」にこだわるマネジメントが洗練化されていくことが考えられます。

テレワークによって"成果"が問われる時代へ

　これまでの一括管理型のマネジメントは、効率性を重視するあまり、成果よりも手段である働き方や働く人の属性に重きを置いてきました。成果を出せる人材であっても、通勤できない、他の社員と異質だとわかれば、マネジメントにおいてマイナスだと切り捨ててしまう。成果はいまひとつの人でも、毎日のように残業し、飲み会などの付き合いもよく人当たりがいいので「働きぶりがよく、頑張っている。周囲も見習ってほしい」と評価される。

　成果よりもプロセスを評価するマネジメントは、部下が目の前で働くことを前提とした「大部屋マネジメント」そのものです。

　そのため、テレワークになれば、同じ状況も見方が変わってきます。

通勤できないことや、他の社員と異質であっても何の支障もありません。また、働く素振りは不可視になるのですから、当然"働きぶり"の評価基準は変わります。

「あなたは今日、何の仕事をしたんですか？」

「どのような成果を上げたのですか？」

そんなふうに成果がストレートに問われるようになるのです。

公正公平なマネジメントの実現

その問いへの答えは「成果」を重視していくマネジメントです。

早朝から深夜まで会社にいること、パソコンのモニターを真剣に見つめる態度、人当たりがよく周囲から好感をもたれること。一見すると「仕事熱心」に見える要素も、成果につながっていなければ評価の対象にすべきではありません。余計な仕事を増やして抱え込み、本来出すべき成果を出せないでいることを美化するのは、成果の妨げになります。

成果が出せていないのなら、問題は"成果に影響を与えない要素（働き方）"でしかありません。働いた時間が残業含め10時間でも、8時間でも6時間でも、出した成果が同じであれば違いはないのです。そうなれば、決められた勤務時間や休憩時間、服装などの規定は意味をなしません。

成果を上げるには、成果を明確に規定すること。別の表現をするなら、「成果を規定できないような仕事はやめてしまう」こと。やめてみて支障が出れば元に戻せばよいのです。この世には「別にやらなくともよいけれど、やったほうがいいであろう仕事」が莫大にあります。これを削減しないと本当の成果は上がりません。

成果を規定できれば、おのずと「成果への影響が高い業務」あるいは「成果への影響が低い業務」を洗い出すことができます。

さらには、その働き手が男性であっても女性であっても、その年齢や国籍もさほど重要ではなくなります。

　勤務場所や勤務時間にとらわれなくなれば、社員それぞれが共有する"時間"はより鮮明に意識されるようになります。参加者それぞれの勤務時間が異なる前提で行われるテレビ会議であれば、開始時間や終了時間も明確になります。通信システムや環境によっては接続時間に制限もあるため、必然的に会議時間は減るだろうと考えられます。

　決められた勤務時間にオーバーワーク。服装や休憩時間といった規定。長時間にわたる会議……。そういった"満足感"や"達成感"が果たして成果を伴うものなのか？　ドラッカーが見れば「そんなものはマネジメントでもなんでもない」と言われてしまうかもしれません。
「成果」を上げることに向き合えば、手段である働き方や属性にはこだわらない、公正公平なマネジメントが実現できます。

ダイバーシティ・マネジメント（ver.2）へ

　ドラッカーは、人の強みにこだわるマネジメントは「ヒトが共同して成果を上げることを可能とし、強みを発揮させ、弱みを無意味にすること」と述べています。

　組織として人が協働する意義のひとつは、個人の弱みを無効化できること。弱みに向き合って時間を費やし、低い成果を出すことは、無意味です。社員が多様であれば、さまざまな強みが集まり、適材適所で働くことができます。

　成果にこだわるマネジメントでは、成果を明確に規定していますから、

どのような能力が必要かも明瞭です。だからこそ、個々の強みを強化する、あるいは強みを与えることができるのです。

　成果に無相関な要素を排除できれば、高業績人材（ハイパフォーマー）を育てることはもちろん、成果にこだわるプロフェッショナルが働いてくれる組織になります。成果を上げてくれるなら、いつでも（日本時間／海外時間でも）、どこででも（日本／海外でも）働けるからです。

　成果を出せる人材を失う必要もなく、無駄な業務やそのプロセスは消え、成果に直結する仕事だけが残れば、仕事と生活のクオリティは必然的に向上します。
　手段から解放されれば、成果への可能性は大きく広がるのです。

　これまでの「ダイバーシティ」は、働く人たちの性別や国籍、年齢といった属性に縛られず自由である"多様性"を重視し、こだわるものでした（ver.1）。そして今、多様性という一点だけでなく、場所や時間から解放され自由となるダイバーシティが誕生しようとしています（ver.2）。

　そうなれば、組織のあり方、マネジメントそのものも根底から大きく変化するでしょう。
　組織は、「均一的な社員が同じ時間に同じ場所で働く組織」から、「さまざまな垣根を超えた人材が集まり、それぞれの強みを発揮して働く組織」に変わっていきます。
　「時間と空間を共有し、部下が目の前で働くことを前提としたマネジメントver.1」から、「部下の働く時間と空間、その属性にこだわらないダイバーシティ・マネジメントver.2」への転換。
　それが、これからの社会とマネジメントのあり方なのです。

ダイバーシティ・マネジメント
とは何か

　そもそも「ダイバーシティ」とは、どのように定義づけられているものなのでしょうか？

　多くの人は、従来のイメージから"性別や年齢、人種や国籍が違う人たちが働く組織"というイメージをもつかもしれません。しかし、時代の変化とともに価値観や生き方も多様化しました。ダイバーシティの捉え方も広がりを見せています。

　社会変化に伴うダイバーシティのバージョンアップを理解するためにも、まずはその定義を確認してみましょう。

ダイバーシティの定義（ver.1）

　米国雇用機会均等委員会は「ダイバーシティとはジェンダー、人種・民族、年齢による違いのことを指す」と定義づけています。

　しかし、人がもつ違いは外見の特徴に限ったものではありません。同じ会社に勤める日本人男性でも、学歴やキャリア、出身地や家族構成などは異なります。宗教観についても、神社仏閣に参拝する人もいれば、教会でお祈りする人もいるでしょう。このように、一見同じように見える人たちでも、異なる属性をもっています。

ケンブリッジ大学教授のS. E. ジャクソンらは、ダイバーシティを次のように定義づけています。

　「ダイバーシティとは、ワークユニットの中で相互関係をもつメンバーの間の個人的な属性の分類のことを指す。その属性とは、たやすく目につく年齢、性別、人種・民族という特徴だけでなく、よりその人を知ったうえで明らかになる属性、個性、知識、価値観さらには教育や勤続年数、さらには職歴といった仕事に直接関連のあるものなどもその属性に含まれる」（Jacson et al, 2003）

　表面的な違いだけでなく、目に見えないレベルの違いも「ダイバーシティ」という言葉に含まれていることが、この定義からわかります。

　ダイバーシティの定義や考察は、研究者によってさまざまですが、個人がもつあらゆる属性をレベル分けで表現する考え方があります（図1-2　次元で捉えるダイバーシティ）。

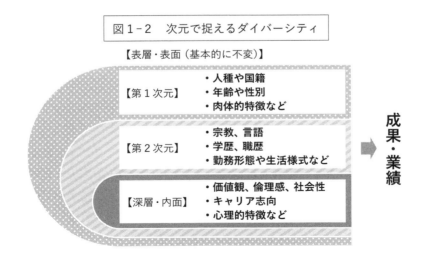

図1-2　次元で捉えるダイバーシティ

【表層・表面（基本的に不変）】

【第1次元】
・人種や国籍
・年齢や性別
・肉体的特徴など

【第2次元】
・宗教、言語
・学歴、職歴
・勤務形態や生活様式など

【深層・内面】
・価値観、倫理感、社会性
・キャリア志向
・心理的特徴など

成果・業績

第１次元は、外見の特徴から認識できる表層的なものです。その要素は、人種や国籍、年齢や性別、肉体的特徴などが挙げられます。

　外見からは判断しにくい深層的なものは、大まかに第２次元として分けられています。その要素は、宗教や言語、学歴や職歴、勤務形態や生活様式、さらに、価値観やキャリア志向などが挙げられます。

　ダイバーシティという概念を社会が共有し、経営者が学び実践することで、男女雇用機会均等法、シニアやマイノリティと呼ばれる人たちの雇用の促進に見られるように、雇用機会の均等が適います。

　多様性に基づくダイバーシティは、一見すると全ての人が等しく働ける権利を得たようにも見えます。しかし、3.11や9.11によって浮き彫りになったリスク、そしてコロナ禍によって外出が難しくなった現実によって、このダイバーシティ（ver.1）の不足点が見えてきました。

　それが、集中・集約化を前提にした働き方です。
　ダイバーシティ（ver.1）をさらに発展させ、働き方や時空間の多様性も認めることができる「ダイバーシティ（ver.2）」ならば、より多くの人が個々の強みを発揮して活躍することができるでしょう。

新しいダイバーシティ（ver.2）とは？

　2019年９月に日本で開催されたラグビーワールドカップ。次々と強豪チームを相手に勝利をあげる日本チームの大躍進に日本中の人々が熱狂しました。日本では決してメジャーとはいえないスポーツですが、彼らのプレイに多くの人が魅了されました。その勝利と魅力の背景にあるのが「ONE TEAM」というスローガンです。

ラグビーは、ボールを相手陣地のインゴールエリアに持ち込むことで『トライ』となり得点となる球技です。この球技の特徴は選手たちが1つのボールをめぐって屈強な体をぶつけ合うということ。危険を伴うからこそ、複雑なルールを遵守してプレイする紳士のスポーツとされています。

　全ての選手にボールを少しでも前に運ぶことが求められますが、大きく屈強な肉体が求められる場面、足が早く俊敏さで小回りのきく肉体が求められる場面、背の高さと腕の長さが求められる場面があり、多彩な人材で構成される必要があります。

　ラグビーは、選手がポジションごとに強みを発揮して初めてチームプレイが連結されるスポーツなのです。

　2019年W杯の日本代表メンバー31人のうち、16人は外国出身でした。身長も190センチを超える選手もいれば160センチ台の選手もいて、肉体的な特徴も母国語や価値観も異なる選手たちで構成されていました。

　属性の異なる人たちがONE TEAMになってゴールに向かう。

　それは組織も同じです。成果を上げる社員がいることが大事なのであって、その属性にこだわる必要はありません。

　違いを認めて受け入れるダイバーシティ（ver.1）からさらに先へ進むには、働き方の多様性を認め、成果を出せるシステムを打ち出す必要があります。

　日本の企業の多くは、社員の出勤を義務化してきました。そのために、時空間の制限に社員は縛られ、働き方も限定的になっていました。必然的に働ける人材も限定され、その成果も限界が生じ、創出される成果が上限値の低いものとなります。

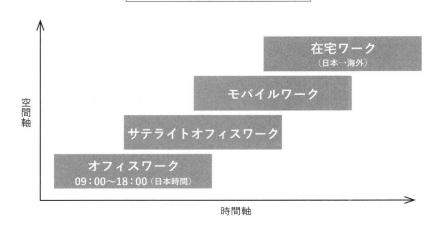

図1-3 さまざまなワーク

空間軸

在宅ワーク
（日本→海外）

モバイルワーク

サテライトオフィスワーク

オフィスワーク
09：00〜18：00（日本時間）

時間軸

　また、ワークライフバランスをテーマに働き方改革が導入されてもうまくいかない現状や問題は、時空間の縛りという大前提が変わらない限り、解決されません。

「図1-3　さまざまなワーク」は、働き方の多様性が成果を伸ばすダイバーシティ（ver.2）のあり方を表しています。

　縦軸は働く場所の自由度（空間）を、横軸は働く時間及びその時間帯の自由度を示します。「会社でのみ×日本時間の9時〜18時」では成果はその範囲にとどまりますが、あらかじめ達成すべき成果がわかっていれば、その制限の枠を取り払うことができます。
　すると「会社でも自宅でも×日本時間／海外時間の何時でも」というように縦軸・横軸に広がりが出れば、成果を出すための業務への制限が一気に解放されます。成果が出るからこそ、自由度を上げることができるのです。

自由と引き換えに成果のみを評価されると聞くと、「プロセスを評価しない成果主義では、ほとんどの社員が活躍できなくなってしまう」と感じる経営者や、「成果を出せなきゃクビになってしまうくらいなら、制限があるほうがいい」と怯える社員もいるかもしれません。そう感じてしまうのは、なんとなく管理しているマネジメント、なんとなく働いている仕事でも組織が存続していたからでしょう。

　また、「部下の頑張りや努力などのプロセスを評価することこそが正しい」と信じて疑わない管理者も多いことでしょう。本当に成果に結びつかない頑張りや努力を評価し続けるのがよいことなのでしょうか。それは部下や会社にとって、間違った頑張りや無駄な努力なのではないでしょうか？

　成果を出さないプロセスを評価することも、成果を出せずにいる問題を放棄して部下のせいにしてしまうことも、マネジメントにあってはならないことなのです。

　成果を出すために必要なものを明確に理解し、成果を上げる人材を育て、適材適所で確実な成果につなげる。ONE TEAMたらしめているものは、成果にこだわり、成果を上げられる組織をつくり、維持するマネジメントです。

　ダイバーシティ・マネジメントとは、ごまかしのきかない"真のマネジメント"だと言っても過言ではありません。

ダイバーシティ・マネジメントの本質

組織の要は「成果」であるため、ダイバーシティ・マネジメントもまた成果にこだわります。

"成果主義"にネガティブな印象や抵抗感を覚える人がいるのは、生産性を追い求めるあまりに労働環境や労働倫理が置き去りにされてきた過去やケースを知っているからでしょう。

労働をめぐる倫理やそれを基盤とした労働環境のあり方は、「ダイバーシティ研究」の原点でもあります。

歴史に見るダイバーシティの変遷

日本ではこの20年のうちに聞かれるようになった言葉ですが、「ダイバーシティ」という言葉は1960年代のアメリカで誕生しました。公民権運動が起こった時代です。男女差別や人種差別と戦った人たちの手で社会変革がなされると、「公民権法」や「雇用機会均等法委員会（EEOC：Equal Employment Opportunity Commission）」などが整備されていきました。法律に違反すれば訴訟問題にもなり、場合によっては倒産の危機にも瀕します。企業は、リスクマネジメントとして、有色人種や女性を採用・登用するようになりました。

1980年代に入ると、ダイバーシティに関する関心は、雇用機会の不平等という「格差の有無」から「社員の多様性が企業に与える影響」へとシフトします。マイノリティの採用は、法律にしぶしぶ従わざるを得ない問題から、現実的な経営問題になったのです。

やがて、ダイバーシティ・マネジメントは企業の社会的責任（CSR）となり、1990年代後半にもなれば多様な人材の積極的登用が事業成功へ結びつくケースが増えていきました。

その後、ヨーロッパでも雇用の平等を求める動きと法整備が広がっていきました。こうした歴史的経緯を踏まえれば、全ての人が公平のもとに働くことができるだけでなく、ビジネスのメリットがあるからこそ、世界中でダイバーシティが推進されたと言えます。

だからこそ、ダイバーシティ・マネジメントの本質は、成果にこだわることなのです。

企業行動の流れに見る本質

社会がダイバーシティを徐々に受け入れていったように、企業内でも"違い"を受け入れていくプロセスがあります。谷口真美氏によれば、ダイバーシティに対する企業行動には「抵抗」「同化」「分離」「統合」の4つの段階があります。「図1-4　ダイバーシティに対する反応（企業行動）／次頁参照」を見てください。

このプロセスに即して見ると、日本のダイバーシティの現状はどうなっているでしょうか？　ここでは、「ジェンダー」「性的マイノリティ」「ジェネレーション／両立社員」「外国人」「障害者」「テレワーク社員」の現状を見てみましょう。

図1-4　ダイバーシティに対する反応（企業行動）

抵抗	同化	分離	統合
違いを拒否する	違いを無視する 違いを同化させる	違いを認める	違いに価値を置く 違いを活かす

出典：『ダイバシティ・マネジメント〜多様性を生かす組織』谷口真美 白桃書房 2005

◇ジェンダー

　日本における就業者6700万人の男女比率は55:45であり、女性は最大のマイノリティとなっています。男女共同参画という言葉が広く浸透した今、以前よりも女性も活躍しやすい環境になってきました。晩婚化などの影響も考えられますが、保育園の数や待機児童など、働きながら子育てをする人たちが抱える問題が社会でも注目されるようになっています。

　家族や友人など、身近な存在によって男女の差異は自然なものとして受け入れられているため、拒否感がもともと低く、時代変化により社会的性役割に対する考え方も変わってきています。さまざまな場所で活躍する女性も増えました。しかし、まだ「統合」の段階とは言えません。

◇性的マイノリティ

　また、近年ではLGBTQ+（第2章で詳述）と呼ばれる性的マイノリティの認知度も少しずつ上がってきました。しかし法律上では、こうした人たちへの差別を禁じるものはないのが現状です。その一方で「LGBTフレンドリー」という言葉があるほど、積極採用を行っている企業は数多くあります。

　ファッション業界などで活躍している性的マイノリティの人々がいる

ことで、その感性やオピニオンリーダーの素質としての価値が認められているとも考えられます。また、「東京レインボープライド」というイベントの協賛にはさまざまな大企業が名を連ねています。「LGBT市場」と呼ばれるほど、LGBTフレンドリーというイメージは企業にとってもビジネスメリットがあるとも考えられます。

「抵抗」から「統合」まで企業によって、段階のばらつきが大きいことが特徴と言えます。

◇ジェネレーション／両立社員

　近年では、高齢化によりシニアの雇用・再雇用も推進され、政府も高年齢者雇用に関する助成金を出しています。労働者不足もあり、企業側にとっても継続雇用のメリットはあるため、「同化」あるいは「分離」の段階としてシニアが一緒に働くことは理解されていると考えられます。70歳までの就業機会の確保を企業の努力義務とする「高年齢者雇用安定法」など一連の改正法が成立し、2021年4月から適用されます。

　また、高齢化により老人介護や病気の家族の介護と並行して仕事をする社員がさらに増えていくでしょう。シニア社員は多かれ少なかれ親と配偶者の介護の問題を抱えていると言っても過言ではありません。介護は自身を含め、誰にとっても起こるものだからこそ、受容されています。

◇外国人

　厚生労働省の平成30年度「外国人雇用状況」の届出状況まとめによれば、外国人労働者数は約146万人と年々、増加傾向にあります。外見や言語の違いなど、ダイバーシティの第2次元まで違いを認識することはできます。しかし、外国人や外国語に苦手感を覚える日本企業は多く見られます。

　一方、外国人の雇用に積極的に取り組んできた企業の中で見られる状況として、日本文化に順応するあまりに"外国人"としての強みを活か

せない、あるいは外国人社員数が多い職場では、日本人社員との隔たりができるなど、違いの価値を活かせていないケースも見られます。

　勤勉なイメージのあるドイツ人やスマートに働くイメージのあるアメリカ人など、先入観から価値や期待を過大にもつケースもあります。「同化」から「統合」まで企業によって、段階のばらつきが大きいことが特徴と言えます。

◇障害者

　内閣府の『障害者白書』（2019年）によれば、日本における障害をもつ人の数は1035万人ほどで、国民の7.6％にあたります。しかし、障害をもつ人で企業・国、都道府県、市町村、教育委員会、独立行政法人などで働いているのは約83万人であり、なかなか活用・活躍が進んでいません。「障害者の雇用の促進等に関する法律」が1960年から改定を重ねながら存在していますが、その現状は厳しいままです。

　ある人事向け総合情報サイトが行った「障害者雇用実態調査」のアンケート結果は、次のとおりです。

　回答した企業のうち、7割以上が「障害者雇用促進法」の改正を知りつつも、その雇用率は2％程度。この数字は、障害者雇用率制度で義務づけられた最低限の数値であり、最低限の人数をしぶしぶ雇用しているというのが採用側の本音でしょう。雇用のきっかけも「法定雇用率の達成」や「社会的責任」など、能力への積極的な評価ではありません。

　現在の日本企業の多くは、障害者の採用・登用に対して「抵抗」している段階だと言えます。しかし、標準偏差の図で多様性の強みを指摘したように、特定の強みと特定の弱みを併せ持つ人材が多いのが特徴です。管理者が個別対応を行い、強みに着目したマネジメントを行えば、もっと活躍できます。在宅を認め通勤を排除すれば、活躍は一気に進むでしょう。

◇テレワーク社員

　集中・集約化を第一としてきた日本企業の多くは、新型コロナによって止むを得ずテレワークを導入したところがほとんどです。そのため、テレワーク社員に対しても「通常勤務している社員に対して不公平」「よほどやむを得ない理由がない限り、許されるべきじゃない」などと、「抵抗」が見られます。

　アフターコロナに向けて、テレワークの賛否が議論されている今は「同化」や「分離」に向かっていこうとしている状況とも言えます。"出勤できない"という消極的な理由ではなく、"テレワークだからこそ価値がある"と積極的なものとなる「統合」に向かうには、まだ時間が必要で、5Gなどの技術インフラとも関係していくでしょう。

ダイバーシティの本質、"ビジネスメリット"

　それでは、このダイバーシティを推進させる"ビジネスメリット"とは具体的にどのようなものなのでしょうか?

　ダイバーシティのメリットは、因果関係として表現することができます。「多様な人材」(原因)が「利益や企業価値」を高める(結果)というものです。

　その定量的な証拠は、経済産業省の「成長戦略としての女性活躍の推進」と「ダイバーシティ2.0:一歩先の競争戦略へ」にまとめられています。一度、参照していただくことをお勧めします。そこには、ダイバーシティ経営をする企業群は利益率が高く、人材獲得やマネジメント機能の向上、イノベーション創出が促進されることが示されています。

図1-5　ダイバーシティの"ビジネスメリット"

メリット

【マーケティング】
・多様な顧客への多様な人材での対応
・特定市場への同じ帰属集団の人材による対応

【情報と意思決定の質】
・同質性・ハイコンテクストな文化からの脱却
・多様性による情報と意思決定の質の向上

【イノベーション】
・多様性（異質な考え）がイノベーションを喚起
・多様で複雑な環境対応への「最小有効多様性」

【CI → ES → CS → SS】
・外部評価による企業イメージと顧客満足の向上
・従業員満足度向上による採用、定着率への寄与

【ロールモデルの影響】
・ロールモデルの「ヒト⇒行動⇒結果」を観察学習
・効力予期（自己効力感）と結果予期を確信

多様な
人材

利益
企業価値

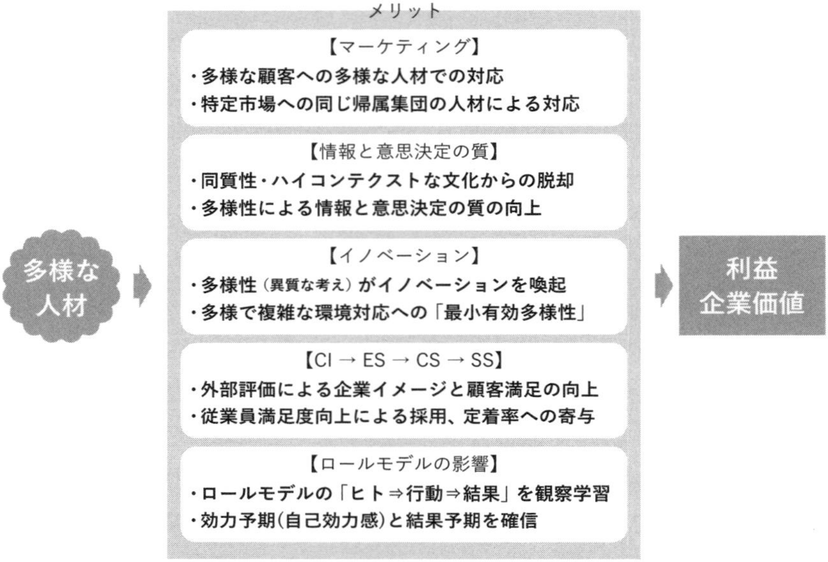

参照：「成長戦略としての女性活躍の推進」「ダイバーシティ 2.0：一歩先の競争戦略へ」経済産業省

「図1-5　ダイバーシティの"ビジネスメリット"」を見てください。

「多様な人材が、利益や企業価値を高める」という因果を支えるのが、①マーケティング、②情報と意思決定の質、③イノベーション、④CI→ES→CS→SS、⑤ロールモデルの影響の5つのメリットです。

①マーケティング

BtoCのビジネスにとって重要なのはマーケティングです。

戦後、世の中にモノが決定的に不足していた時代には、ある製品をとにかく安く、多くつくればいくらでも売れ続け、全ての会社が儲かる時代でした。プロダクトアウトの発想でよかったのです。しかし、世の中

にモノがあふれ、顧客の価値観が多様化していくと、売れる商品やサービスも多様化していきます。そのため、人材もまた多様化しなければ対応することはできません。

　また、顧客の多様化は市場の数の細分化にもつながります。例えば、LGBT市場は情報感度と可処分所得が高いと言われ、それに対応できる優秀な人材が求められます。特定の市場には同じ帰属集団の人材の対応が必要になるのです。

②情報と意思決定の質

　同質性の高い人は情報源も同じで、当然ながら同じような情報を収集するので、そこから考察した意思決定も同質となりがちです。

　また、「KY（空気が読めない）」という言葉が2000年代半ばに流行したように、日本人は"空気"に敏感です。「空気を読む」という行為は、言葉にせずとも"察する"ことでその場の雰囲気や意見に同調する態度をとることです。以心伝心や忖度を用いたコミュニケーションスタイルの日本はハイコンテクストな文化と言えます。

　個人の意見を口にできないと評価が下がる欧米に比べ、日本では自己主張する人よりも察する能力や気遣いができる人のほうが好まれる傾向があります。その背景には、移民で形成される欧米の文化に対し、日本では母国語とルーツの共有が当然視されるほど同一民族としての歴史が長く島国であることが考えられます。

　前後の文脈を読み取り、振る舞いや雰囲気から場の意図を汲み取ることは、複雑で高度なコミュニケーションスキルと言えるでしょう。しかし、その有能さがネックになり、同調するあまりに新しい意見が出てきません。それでは、組織全体の意思決定も限定的で質の低いものにとどまってしまいます。

　同質性や同調文化を刷新するためには、さまざまな情報と異なる視点からいろんな価値観を通して意思決定の質を向上させる必要があります。

③イノベーション

　均一化された同質人材だけが集まり、同じような情報だけで意思決定を行う……。ハイコンテクストな文化で同調圧力により新しい意見が出しづらい……。

　これでは、いつまで経ってもイノベーションが生まれないのも当然です。多様な人材がいて、いろんな意見が出る。周囲と違う意見も自由に発言できる安心感。むしろそれが新しい意見として歓迎される雰囲気。そんな環境下だからこそ、議論は活性化し、組織の意思決定の質は上がります。異質性なくしてイノベーションは生まれないと言っても過言ではありません。

　これは生物にも同じことが言えます。温かな気候が変動して氷河期が訪れた際、環境に適応できない種は絶滅しましたが、寒さを乗り越えられるようなさまざまな生態をもつ種たちは生き残ることができました。複雑に変化する環境に対応するには、多くの可能性を残すことが生き残りに関わるのです。

　新型コロナのように、これから環境の変化に応じて菌やウイルスがまた新たに発生し、さらに複雑に変化していきます。特定の菌やウイルスに対し、感染症に罹患しづらい人も、重症化しづらい人もいます。すでに免疫をもっている人もいれば、罹患しづらい生活習慣を文化として身につけている人もいます。つまり、多様なヒトがいたほうが、環境変化に対してリスクヘッジできると言えるのです。

　それが「最小有効多様性」という考え方であり、複雑で多様な環境からの挑戦に対応するには、組織は同じ程度の多様性をその内部にもっていなければならないのです。複雑で多様化する市場経済を前に組織が生き残るには、多様な人材が不可欠なのです。

④CI→ES→CS→SS

　ダイバーシティが進んでいる企業は、人々をサポートしながら新しい

価値を生み出す組織として、コーポレートイメージ（CI）がよくなります。そのような企業で働くことで、従業員満足度（ES）は高くなります。従業員が会社や仕事に満足しながらお客様にサービスや商品を提供するので顧客満足度（CS）が上がります。顧客満足度が上がれば業績は上がるので株主満足度（SS）が上がります。

　ハーバード・ビジネス・スクール教授のジェームス・L・ヘスケット氏によれば、ESとCSは相関関係にあります。つまり、ESが上がればCSも上がるのです。満足度の高い従業員はより質の高い仕事をするため、顧客の満足度も上がるのは当然です。そうなれば企業全体の業績も上がり、安定した雇用や社会貢献などが進み企業価値を高めることができます。

⑤ロールモデルの影響

　全体が同質的で同調圧力が強い組織では、異質さへの抵抗感が強いため、出る杭は打たれてしまいます。それでは、活躍しようとするモチベーションも下がってしまいます。男女平等の度合いを示す「ジェンダー・ギャップ指数」。その2019年の世界ランキングで、153カ国のうち、日本は121位と厳しい結果となっています。

　首位のアイスランドでは、政界や経済界でも数多くの女性がトップとして活躍しています。現在の首相は40代の女性で、過去には国家首脳としては世界で初となる同性婚をした人もいました。一方、日本では政治や経済の場で女性の数は少ないのが現状です。女性活躍を真に推進したいのであれば、活躍している女性の存在、つまりロールモデルが不可欠です。ロールモデルは、同じ属性の人に勇気とモチベーションを与えます。女性管理者が多く活躍する職場では、自然と女性の一般社員のモチベーションも「私も頑張れば、ああなれる」「ああいう人になりたい」と高くなります。

　ロールモデルがいれば、その人がどのような働き方をして現在に至る

のか、そのプロセスを誰もが学ぶことができます。そうなれば確信をもって積極的に頑張ることができ、同じ属性の人たちも次々と活躍できるようになるのです。

多様な人材の活躍は、この5つのメリットを通じて企業に利益をもたらす結果を生むのです。

ダイバーシティのデメリット

もちろん、メリットもあればデメリットもあります。

1点目は、チームとしてのまとめづらさです。

同質性の高い組織は同調圧力が起こりやすい一方、まとまりやすく結束しやすいという側面もあります。類似性は「ヒトの好感や信頼を生み相互交流を促進する」こともわかっています。さまざまな人が集まり、異なる属性が増えることは、まとまりづらく組織が拡散していくことにもつながります。新たな意見が場に提示されても、チームを1つにまとめあげなければ機能しません。バーナードが組織の3要素のひとつとした共通目的が、組織を組織たらしめる要素として必要不可欠となるのです。

2点目は、コミュニケーションの伝達効率の低下です。

同質性が低下すれば、以心伝心や忖度も通用しません。話し手と聞き手が「あれ」「それ」「うまくやっておいて」を同じ意味の言葉として使い、その曖昧な表現で話し手の意図を明確に伝達できる状況ではなくなります。さまざまな視点から異なる意見が出る環境では、なかなか意見はまとまりません。「あれ」「それ」が何を指すのかが異なり、「うまくやっておいて」ではどのようにやるのかが相手にはわかりません。空気を読むことのないローコンテクスト文化では、額面どおりに伝えて額面

どおりに受け取るというやりとりになります。その場合、言語化や意思の提示がはっきりしなければ、正確に相手の考えを理解することはできません。そのため、コミュニケーションの可視化が重要になります。

成功と失敗の分かれ道

　多様な人材がいればビジネスメリットが生まれるという安易なものではありません。

　サントリーのクラフトボスのCM『新しい風・ブレンド』篇では、個性派揃いの新人たちが物怖じしない意見を口にしながら仕事ができていない様子に「この惑星では、ワンチーム（ONE TEAM）と言っていればうまくいく、というわけではない」と締めくくられています。

　多様な人材がその個性を成果に結びつけられるマネジメントがあって初めて、ONE TEAMは機能するのです。それでは、ダイバーシティの成功要件とはどのようなものでしょうか？

　これまで私が見てきた成功事例や失敗事例には、5つの共通点がありました。ダイバーシティの成功と失敗を分ける、その5つの要件をまとめたものが次になります。

①明確な目標

　成功事例では、「女性管理職率を〇％にする」といった定量的な目標が設定されています。ビジネスである以上、数字はつきものです。ダイバーシティをビジネス要件として捉え、経営戦略の一環として位置づけるのであれば、数字は必須です。心地よいスローガンは、社員一丸となって意識を高めてくれるものです。しかし、"抱負"だけでは達成までのプロセスは曖昧になり、問題を解決することも目標達成も叶いません。残念ながら、総論賛成、各論反対でなかなかダイバーシティが進まない企業が多く見られます。

②トップ・コミットメント

　組織のトップである社長自身が事業計画や年次挨拶などで、ダイバーシティを言葉にして繰り返し発言していくことが大切です。社員たちは、常にトップの本気度を推し量っています。とくに部長クラスは「機を見るに敏」です。トップが目指す方向に自らを合わせていくことが自身のメリットにつながるからです。現実に達成すべき目標だと周知されることで、計画と実行がトップダウンで行われるようになります。

　失敗してしまう事例の多くは、トップが関与していないことやトップの本気度が伝わらないことで部長クラスが粘土層になり、ダイバーシティの歩みを止めてしまうのです。

③PDCAスピード

「Plan（計画）→Do（実行）→Check（評価）→Action（改善）」というサイクルは、そもそも実行してみなければ効果を発揮しません。必要性の検討ばかりに時間をかけ、計画段階に留まっていては意味がありません。なぜなら、周到に計画したものも現実にうまくいくかは試さなければわからないからです。

　素早く実行してみれば、現場でその結果は出ます。問題点や改善策はボトムアップで戻ってくるため、やりながら変えていくことで素早く目標を達成できるのです。

「本当にダイバーシティをやってメリットはあるの？」「他社の成功事例を分析して確実に結果を出せるようにしてから始めては……」というのは、「やらない理由」を探して時間稼ぎをしているようなものです。

④推進勢力

　ダイバーシティに対する反対意見が多いのは、現場でビジネスを動かしている営業や製造部門の役員です。だからこそ、営業と製造部門の役員や管理職が主体となって推進すると成功するのです。「女性のほうが

人当たりもよく営業成績が上がる。クレーム対応もうまい」「女性が働きやすい製造現場は男性も働きやすい」など、現場でのメリットを知っていれば社員たちも協力し、意欲的にダイバーシティを推し進めます。

　一方、人事部やダイバーシティ推進室のみに任せるだけでは必ず失敗します。人事部門に対する現場からの「言われなき偏見」が強く残っている企業が多く見られ、なかなか人事部門の言うことは聞いてくれません。また、そもそも人事管理上は、一括管理できるような同質人材の採用が効率的なのです。効率化を優先させたこれまでの人事管理と、異なる人材を新たに採用して活躍させるダイバーシティは両立させづらいというジレンマもあります。

　ダイバーシティ推進室を特設しても「流行りでやっているんでしょ」「企業イメージのためでしょ」「イベントばかり企画して、本当はどんな仕事をしているの」などと周囲は考え、非協力的にさえなっている企業も見受けられます。

⑤ゴールの設定

　ダイバーシティの目的やゴールを「イノベーションを喚起すること」「業績を上げること」「企業価値を上げること」にすると、ダイバーシティはうまくいきます。明確な目標設定に数値化は必須ですが、その数字だけが独り歩きしている企業も見受けられます。数字は大切ですが、その達成は手段であって目的やゴールではありません。ダイバーシティの分野において手段と目的はすぐに逆転しやすいので注意が必要です。数値目標は最終的なゴールや目的ではないことを常に促すためにも、目的と手段を明確に分けて、そしてゴールイメージを言葉で伝える必要があります。

人口減少により必然となるダイバーシティ

　ここまではやや教科書的に、定義や概念、歴史的な変遷、ビジネスメリットとデメリットなどを見てきました。しかし日本にとって、ダイバーシティはそのような綺麗ごとではなく、待ったなしの課題であり、対策は必然なのです。

　「図1-6　年齢3区分別人口の推移」を見てください。
　一番上の線は、生産年齢人口の変化を表しています。「生産年齢人口」とは働ける人の数のことです。1995年の8726万人をピークに下がり続けています。出生率の低下と高齢化による影響で、このまま下がり続け

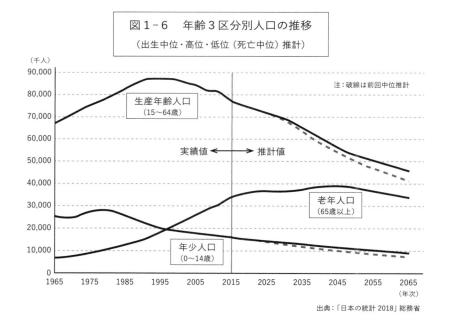

図1-6　年齢3区分別人口の推移
（出生中位・高位・低位（死亡中位）推計）

出典：「日本の統計2018」総務省

れば2065年には、ピーク時の半分程度にあたる4529万人になることが予想されています。

　出生率が爆発的に増えるということは稀ですから、すでに直面している労働者不足という問題は今後さらに深刻化するでしょう。労働力がこのまま半減してしまったら国家の衰退につながります。「やっぱり日本人で体育会系男子がいいよね。使いやすいし」などと言っている場合ではありません。

　だからこそ、年齢・国籍を問わない、時間や空間の制約がないマジメントが必要とされているのです。そういう意味で、ダイバーシティが組織にとって普通のこととなる日は、確実にやってくるでしょう。

II章

属性の違いを活かすマネジメント

──ジェンダー、ジェネレーション

　本章の前半では、ジェンダーをテーマにし、女性社員・男性社員・LGBTQ+社員について考えていきます。「女性活躍推進」が叫ばれる中で、なかなか進まないのは何が問題なのでしょうか？　そこには変わりゆくジェンダー観が基底としてあることを認識していただきたいと思います。また、後半ではジェネレーション、若手社員・シニア社員について言及しています。ここではとくにコミュニケーションの問題を核にしながら、ローコンテクスト／ハイコンテクストという切り口で解説しています。

女性社員・男性社員・LGBTQ+社員。
「性差」の違いとは

　総務省が2019年6月に発表した労働力調査によれば、就業者数6747万人のうち、男性の割合は55.5％（3744万人）、女性は44.5％（3003万人）となっています。

　女性の就業者は年々、増加傾向にあり、この50年の間で初めて3000万人を超えました。ところが、その半数以上は非正規雇用で、女性が男性と同じように正社員としてキャリアを築くにはまだまだ課題が残っています。

　日本の職場におけるマジョリティ（多数派）は男性であり、女性は最大のマイノリティ（少数派）といわれています。

"性差"の違いとは、「体」「心」「性的指向」の違い

　労働において性差が生じているのは、「男性は外で働く」「女性は家で育児をする」という偏見がまだあることの表れです。

　性別の違いが語られる時、多くの場合は「男性」「女性」という肉体的な特徴から2つの対立で語られてきました。「男か女か」の二択のみで性を捉える男女二元論（gender binary）では、性のあり方を「男らしさ」「女らしさ」と決めつけがちになります。

　しかし、本来ならば人間の性のあり方はさまざまで、全ての人がそれぞれの性的指向と性自認（SOGI：Sexual Orientation and Gender Identity）

をもっています。誰を好きになるか、自分がどんな性なのかは、流動的で多様性のあるものです。

　男性の肉体で生まれてきても、心は女性だと自認している人もいます。また、同性を好きになる人もいれば、男性も女性も好きになるという人もいます。それらは、決して"間違い"ではなく"違いがある"だけのこと。自然界でも、こうした性の多様性は見られ、何も不自然なことではありません。

　そのため、「性差」とは、体・心・性的指向の違いを指します。

　　"体" としての性（body image）：肉体的特徴としての性別
　　"心" としての性（gender identity）：自分の性別に対する認識
　　"性的指向" としての性（sexual orientation）：どんな性を好きになるか

11人に1人は性的マイノリティ？

　電通ダイバーシティ・ラボが全国の20歳から59歳までの個人6万人を対象に行った「LGBT調査2018」では、異性愛というセクシュアリティではない人たちの割合が回答者のうち8.9％でした。

　10代や60歳以上も含めれば、より多くの「セクシャル・マイノリティ」の人たちが存在しているといえます。

　左利きの人数は総人口のうちの1割といわれていますから、身近に左利きの人がいるのと同じくらい、セクシュアリティの異なる人たちもいるのです。

◇LGBTQ+

　昨今では、タレントが自身の性的指向を公表するなどして、「LGBT」の認知度も高まっています。LGBTとは、性的マイノリティを総称する言葉で、それぞれの頭文字は次のような性的指向・性自認のある人たちを指します。

　　　L（Lesbian）：女性同性愛者、女性を好きになる女性
　　　G（Gay）：男性同性愛者、男性を好きになる男性
　　　B（Bisexual）：両性愛者、男性・女性の両方を好きになる人
　　　T（Transgender）：性同一性障害、体と心の性認識が不一致である人

　LGBT以外にも、性愛を感じない人やまだ自分の性的アイデンティティがわからない人もいます。そうした人々（Q+：クエスチョニング／クイア）を含め、世界では「LGBTQ+」という総称が使われるようになっています。最近では「レインボーカラー」がLGBTを象徴するカラーリングとして定着し、ファッションなどでは多くのブランドがレインボーカラーをモチーフにした商品を展開しています。

　日本におけるLGBTQ+の現状と詳細は、「7．LGBTQ+社員が活躍できる職場とは」でご説明します。
　先に、男女という二元論にとらわれない「性差」に対するダイバーシティ・マネジメントについてお話ししていきます。

性別ではなく認知機能の違いによって "個人差" を認める

「人によって捉え方は違う」ことを知る

　これまで、男女差を脳の違いから語る本が度々ベストセラーとなってきました。男性は理性的である「男性脳」、女性は感情的である「女性脳」に従う恋愛指南書や人間関係を説く書籍が定期的にベストセラーになるのは、異性を "理解できない生き物" のように感じる人が多いからなのでしょう。

◇「男性脳」と「女性脳」？

「男性脳」や「女性脳」という表現が広く認知されるきっかけのひとつが、イギリスの発達心理学者サイモン・バロン＝コーエンの著書『共感する女脳、システム化する男脳』（NHK出版　2005年）です。

　人間は、生き残るために状況判断できる能力と、社会的生物として他者と共存できる能力をもっています。こうした能力は、脳の認知機能として誰にでも備わっているものですが、どちらが得意（優位）かは人によって異なるとされています。

　その違いが「システム優位型」「共感優位型」です（図2-1　システム優位型と共感優位型／次頁参照）。

図2−1　システム優位型と共感優位型

	システム優位型 （体系的）	共感優位型 （感情移入）
認知機能	物事をルールと論理で理解し、対象をシステムとして捉える	人の感情や考えを理解し、相手に対応した適切な感情を示す
	空間認知能力（数学的推論）に優れる	言語・非言語能力に優れる
	「if-then：もし〜ならば、〜となる」と相関で予想する	「他者の感情に帰属」して、適切な情緒的反応をとる
会話	モノや活動に焦点を当てて話す	感じたことを多く含んで話す。ターンテイキング（話し手と聞き手の交換）が20倍多い
人間関係	タテの関係に重きを置く	親しい（ヨコ）関係の確立に重きを置く
集団行動	競争的	協調的

　バロン＝コーエンは、男女の脳もこの2つに大別でき、男性はシステム優位型で女性は共感優位型だと主張しました。しかし、その後に他の研究者たちによってこの主張は批判され、自身も証明する科学的根拠がまだ不足していることを認めています。

　職場においても、男性社員を「男性脳」、女性社員を「女性脳」として捉えることは、「男性は理屈っぽく共感力がない」「女性はすぐ感情的になって仕事ができない」といった無意識のバイアスにつながりかねません。

「システム優位型」「共感優位型」という考え方は、本章で展開する軸となっていますが、ダイバーシティ・マネジメントの全体論として捉えていただくと、より一層理解が深まります。テレワーク社員・外国人社員・障害をもつ社員・両立社員の方々にも適用できる概念です。

◇**男性らしさ・女性らしさではなく、"その人らしさ"**

経験上、誰しも論理的な女性と出会ったことはあるでしょう。相手の気持ちに寄り添える共感力の高い男性ももちろんいます。女性の研究者もいれば男性のカウンセラーも多く活躍しています。

20代など若い社員では、男性でも涙を隠すことなく職場で泣く人が少なくありません。昔のトレンディードラマなどでは、男は涙を見せず強気な男性像がかっこいいと思われていましたが、近年のドラマでは、女性の前でも素直に涙を見せ、感情を表現できる男性像が描かれています。時代の変化に伴い、「男らしさ」「女らしさ」という定義も変化してきたと考えてください。

また、SNSの普及により以前よりも密に人とつながる社会になりました。若者層を中心に関係性に敏感な人が多いのは、そうした"共感力"を求められる社会背景も影響しています。

異なる捉え方を理解した、相手に応じた働きかけが大事

一方で、志向性の異なりは社員間に存在します。

社員間の競争で意欲が高まる社員もいれば、競争を嫌がり協調によって意欲が高まる社員もいます。こうした違いを管理職が認めず、後者の社員に競争を強いても成果は高まりません。そういった画一的なマネジメントは通用しなくなっています。

しかし、自分と異なる考え方に直面すると多くの人は抵抗を覚えます。「理解できない、なぜこう考えられないんだ！」と憤りを感じることもしばしばあるでしょう。とくに管理職の方は、自身の成功体験も踏まえて"部下が間違っている"と断定的な考え方をしてしまう人が少なくありません。

こうした考えや態度は、すぐに見透かされ、社員のモチベーションや成果が下がるだけでなく、チーム全体にもその影響は及びます。

　そうならないためにも、「システム優位型」「共感優位型」という大枠を利用することは、マネジメントに有効的です。主観的なマネジメントに陥らないようにするには、「自分と異なる考え方や捉え方も間違っていない」と相手を否定せずに認めることから始める必要があるからです。
　そこで、男か女かといった性別の違いではなく、「システム優位型」「共感優位型」という対極的な２つのタイプを通して、違いを尊重しながら、社員一人ひとりを活躍へと導くマネジメントを取り入れましょう。

◇システム優位型
　まず、システム優位型は、体系化を通して自分の周囲を理解する傾向が高いです。
　物事を"ルール"と"論理"で理解し、対象を"システム"として捉えます。空間認知能力（数学的推論）に優れ、「もし（if）〜ならば、（then）〜となる」と相関立てて物事を予想します。
　次のような社員は、システム優位型の傾向があります。

・会話の焦点を人物よりもモノや活動に当てて話す
　例）担当者や顧客よりも、製品の機能・性能・仕様、プロジェクトにこだわる
・タテの関係を重要視している
　例）上下関係を大切に考え、会社や上司の動向を常に気にかけている
・競争的で上昇志向が高い社員
　例）周囲と競って売上トップを目指す。最速での昇進・昇格を目指す

◇共感優位型

　次に、共感優位型は、感情移入によって自分の周囲を理解する傾向が高いです。

　他人の感情や考えを知ろうとし、相手に対応した捉え方によって適切な感情を示します。言語・非言語能力に優れ、「この人は〜と感じているだろう」と他者の感情に寄り添い、情緒的反応によって物事を予想します。

　次のような社員は、共感優位型の傾向があります。

・会話では感じたことをよく話す
　　例）他者の意見に対し「〜と思いました、〜と感じました」という返
　　　　事が多い
・ターンテイキング（話し手と聞き手の交換）がシステム優位型よりも20
　倍多い
　　例）うなずきや相槌が多く、会話がよく弾む
・ヨコの関係を重要視している
　　例）ヒトに対する気遣いに優れており、同期入社社員などと非常に仲
　　　　がよい
・協調的でサポート志向が高い社員
　　例）周囲との良好な関係構築を心がけ、チームワークのよさを目指す

　この2つのタイプは、どちらがよい悪いというわけではありません。

　個別対応が求められるダイバーシティ・マネジメントでは、情報を受け取る側が何を求めているのかを知り、適切な情報を渡す義務があります。そのため、相手に応じて情報の過不足がないよう、うまい対応が求められます。

　これは、1on1のカギでもあります。部下から「私は的確な答え以外は不要です」「私は励ましを求めているんです」とはっきり言っても

らえれば管理職も苦労しませんが、上司を相手には言いづらいものでしょう。

　この２タイプを認識したうえで、個々人に最適化したマネジメントを考えていきましょう。

　次節の３〜６までは主に【１on１】の会話体をベースに事例中心に展開しています。基本的に上司と部下の会話体になっているため、実際のマネジメントの様子がイメージしやすいものになっています。あくまで参考ですが、部下指導で困った時のヒントとしてご活用いただければ幸いです。

【１on１】仕事の指示、
どう伝える？

　それでは、実際に「システム優位型」「共感優位型」の部下に対して、どのようなマネジメントが有効なのかを見ていきましょう。

　問題形式で擬似体験しながら考えていただくため、上司であるあなたに２人の部下がいることを想定して読み進めてください。

部下Ａさん【システム優位型】：

　仕事の段取りがよく早い。役員層などとも臆することなく関わりをもち、上昇志向が高い。反面、競争心が強く、同僚や後輩に厳しい。仕事の遅い人や長引く会議に対しては、苛立つ態度を隠せない。

部下Ｂさん【共感優位型】：

　責任感が強く、仕事が丁寧で質が高い。職場のムードメーカーで同僚や後輩を励まし、縁の下の力もち。反面、プレゼンや競争が苦手で臆してしまうことが多く、パニックになったり、泣いてしまうこともある。

「システム優位型」「共感優位型」によって
指示の受けとめ方は違う

　日頃の仕事の指示や、何気ない頼み方ひとつで社員の成果は変わるも

のです。

　目的を伝えることで成果は上がりますが、目的を伝えずとも仕事を受ければやってくれる社員や、中には不満を募らせている社員もいます。

　多忙なあなたは、部下に頼もうと思っていた仕事を思い出し、慌ててAさんを捕まえました。

〈システム優位型の例〉**OK**

上司　「Aさん、この仕事を明日までにやってください」
Aさん「はい、わかりました」
上司　「ありがとう。よろしくね」

　Aさんはいつもどおり、気持ちよく仕事を受けとってくれました。
　とくに問題もなさそうに頷いて、早速仕事に取り掛かってくれています。
　Aさんは要領がよくて助かるな〜と思いながら、あなたはBさんに頼む仕事も思い出しました。

〈共感優位型の例〉**NG**

上司　「Bさん、この仕事を明日までにやってください」
Bさん「……何のためにですか？　この仕事はどういう意味があるのでしょうか？」
上司　「（感じ悪いな！）やりたくないなら他の人に頼むけど」

　了承してくれるものと思って仕事をお願いしたのに、予想外の物言いが返ってきました。思わずムッとしたあなたの様子に、Bさんは気まずそうに仕事を受け取りました。
　しかし、「気分悪いな。態度が悪いしやる気がないのか？　なら他の

人に頼めばよかった」とムッとするのは、間違いです。

システム優位型の社員は"タテ"、
共感優位型の社員は"ヨコ"を優先する

　システム優位型は、組織のヒエラルキーを重視するため、会社や上司の指示に基本的に従います。そのため、仕事の指示もそのまま受け入れる傾向があります。また、「できない」「知らない」と言うことは自身の能力や意欲の低さを認めることにつながると考え、あまり言葉に表しません。

　一方、共感優位型は、対照的にヨコのつながりを重視するため、"目上の人の言うことは絶対"という考えは薄く、上司からの心証よりも、その仕事を受ける自身の周囲からの心証を気にする傾向があります。

システム優位型：組織のヒエラルキーを重視

　　　　　　（上司、会社の言うことは絶対）

共感優位型：組織のヒエラルキーは重要ではない

　　　　　　むしろ、ヨコのつながりを重視

　例えば、ヨコのつながりが密な職場で独り目立ってしまうことで「Bさんがリーダーになったんだって。どうなんだろう？」と噂されたり、「Bさんはえこひいきされている」と勘ぐられて関係が悪化することを嫌います。

　ヨコのつながりが強く、共感優位型の社員が多くいる職場の場合、その心理を理解したマネジメントが求められます。「えこひいき」という疑いが一度芽生えてしまえば、疑う側も疑われる側もモチベーションが下がり、組織全体の成果に大きく響くからです。

共感優位型に仕事を指示する際は、次の3点がポイントです。
　①「やって」という命令口調ではなく「してくれないかな？」の依頼口調にする
　②仕事の目的と意義を丁寧に伝える
　③なぜ、あなたに依頼するのかの理由を添えて、納得して仕事をしてもらう

〈共感優位型の例〉**OK**

上司　「Bさん、この仕事を明日までにやってくれないかな？　この仕事の目的は△△のデータ収集と整理で、それをもとに分析した結果から〇〇の効果を確認することができるんだ。Bさんは表計算ソフトや統計に関する知識も豊富だし、適任だと思っているんだ」

Bさん「なるほど、わかりました」

上司　「ありがとう、よろしくね」

　Bさんは納得した様子で返事をし、仕事に取り掛かってくれました。翌日に戻ってきた仕事はとても丁寧で、あなたが気づかなかった点や資料も補足されていました。あなたが感謝を伝えると、Bさんも自信を感じたようでした。

　システム優位型・共感優位型のどちらに対しても本来は、その仕事の目的や意義を相手に理解してもらい、納得してもらうことが大切です。
　組織全体にとっての最大成果をつくりあげるということは、言い換えれば社員一人ひとりが高い成果を出すことでもあります。そのために、仕事の指示も言い方ひとつで違いがあることを理解し、社員が納得して働けるように言葉をかけましょう。

【１on１】部下からの相談、
どう答える？

仕事を指示すれば、部下がわからない点や問題点も出てきます。そうした相談に対し、どのように答えるかも、システム優位型と共感優位型では違いがあります。

「システム優位型」「共感優位型」によって、部下が求める答えは違う

ある日、あなたのところにAさんから相談がありました。昨日お願いしていた仕事で相談したいそうで、「資料がうまくまとまらなくて困っています」とのこと。

そこで、あなたは次のような対応をとりました。

〈システム優位型の例〉**OK**

> Aさん　「資料がうまくまとまらなくて困っています」
> 上司　　「どの部分だい？」
> Aさん　「このグラフの分析結果のサマリーのところです」
> 上司　　「それじゃあ、この報告書が参考になるよ」
> Aさん　「わかりました！　ありがとうございます！」

数時間後、Aさんは「教えていただいた報告書に的確な情報が載っていて大変参考になりました」と、正確に資料がまとまった報告書を提出

してくれました。

　Ａさんが必要としていた情報を提供できたため、Ａさんも納得してよい仕事をしてくれたようです。

　自分のアドバイスがきちんと解決策になったことはもちろん、Ａさんの言葉はマネジャーにとってはうれしいもの。「いい仕事をしたなあ」という思いに浸っていたら、Ｂさんからも全く同じ相談が舞い込んできました。

　早速あなたはＡさんと同じ要領で相談に乗りましたが、Ｂさんの返事は的を射ず、どんどんしりつぼみに。

〈共感優位型の例〉**NG**

Ｂさん　「資料がうまくまとまらなくて困っています……」

上司　　「どの部分だい？」

Ｂさん　「途中まではなんとかできたんですが、途中で行き詰ってしまって」

上司　　「どこで行き詰ったんだい？」

Ｂさん　「"どこで"ですか……？　ええっと、途中まではできているんです」

上司　　「グラフの分析結果のところかな？」

Ｂさん　「そこはなんとかなりました。でも、今日中に完成させないといけないのに、できるかどうか不安なんです」

上司　　「だから、どこで行き詰っているんだい？？」

Ｂさん　「だから、途中で……。残りもまだまだあって……」

上司　　「だから、どこで行き詰まっているんだい？？？」

　あなたのイライラを感じ取ったＢさんは「あの、大丈夫です、他の人に聞きます」と逃げるように、相談を打ち切ってしまいました。

しかし、「どうもBさんは、考えがまとまらないし、どこがわかっていないのも理解できていないようだ。困るなあ」と考えるのはお門違いです。

システム優位型であるAさんと同じ受け答えを、共感優位型のBさんに求めること自体が間違っているのです。

システム優位型の社員には"必要情報"を、共感優位型の社員には"聴く姿勢"を

それでは、共感優位型のBさんには、どのように対応するのが適切だったのでしょうか？

システム優位型の社員が相談時に求めているのは「有益な情報」を得ることです。Aさんにとって相談はQ&Aであり、質問に答えが返ってくること、問題点が解決されることが望ましいのです。

一方、共感優位型の社員が相談時に求めているのは「共感」を得ることです。Bさんは、具体的なQ&Aというダイレクトな解決を求めたのではなく、「行き詰まってしまい、完成させられるか不安だ」という気持ち、つまり感情を理解してもらいたかったのです。

> システム優位型：有益な情報を得ること
> 共感優位型：共感を得ること

つい部下から相談されると、管理職は、自分の有能性を証明したい気持ち（有能性証明欲求）や部下の問題を自分の知識・スキルで解決してあげたい気持ちになってしまいます。

しかし、共感を求める共感優位型の社員が不安そうにしている場合は、最初からアドバイスを与えようとするのではなく、まずは社員が落ち着

くまで話を聴いてあげるのがベストです。なぜなら共感優位な部下は、システム優位な管理者よりも感情の起伏が大きいので、不安な気持ちがより高まり、心を乱しているのです。ですから、部下の話をじっくり聞く姿勢が"関心をもっている"というメッセージになり、共感優位型の社員の不安を和らげます。

〈共感優位型の例〉**OK**

Bさん「資料がうまくまとまらなくて困っています……」

上司　「それは大変だね」

Bさん「途中まではなんとかできたんですが、途中で行き詰ってしまって」

上司　「途中まではできているんだね。でも、途中で行き詰って困っているんだね」

Bさん「そうなんです。今日中に完成させないとダメなので、焦ってしまって」

上司　「今日中に完成させるんだ。それは大変だね」

Bさん「はい、だから間に合うかどうか心配で……」

上司　「大丈夫かい？　何か手伝えることはあるかな？」

Bさん「ありがとうございます！　大丈夫です。これからもうちょっと頑張ってみます」

上司　「そうか、期待しているよ」

Bさん「はい。頑張ります！」

　管理職の側がシステム優位型だと、つい要領を得ない会話にイライラし、上記のようなやりとりに「面倒くさいな」「おうむ返しのやりとりに、何の意味があるんだろう」などと考えてしまいがちです。

　もちろん、ホウレンソウ（報連相）や仕事では端的に結論を述べることが求められます。しかし、相談事や不安を感じている様子が見られる

場面では、聴く姿勢を根気よく見せれば、共感優位型の社員のモチベーションは一気に高まります。

　システム優位型の社員、共感優位型の社員の相談には、適切な対応をとれば成果の向上はもちろん、上司と部下の信頼関係も深まり、組織への帰属意識の向上にもつながります。

【１on１】仕事のやりがい・
キャリア支援は、どうする？

　社員のキャリア支援を考える際にも、システム優位型と共感優位型の人がいることをふまえたうえで対応します。

　とくに、女性管理職を増やそうという考えをもっている経営層は少なくありません。

　しかし、「そろそろ管理職を目指してみない？」と女性社員に声をかけても「え、私がですか？　無理だと思います」という返事に、女性社員はモチベーションが低いと失望する管理者の声を多く耳にします。

　しかし、同じように声をかけられて尻込みする男性社員も少なくありません。

　それは「女性社員だからモチベーションが低い」というわけではなく、「仕事のやりがいは人によって異なる」のです。

「システム優位型」「共感優位型」によって
仕事のやりがいは違う

　仕事のやりがいやキャリアの支援についても、異なる考え方を理解したうえで適切な言葉や対応をとる必要があります。

　あなたは、システム優位型のＡさんにプロジェクトリーダーを任せることに決めました。

〈システム優位型の例〉**OK**

> **上司**　「プロジェクトリーダーを任せたいのだけど、どうかな？」
>
> **Ａさん**「重要なプロジェクトですよね。ぜひ私にやらせてください！」
>
> **上司**　（Aさんは、やる気があっていいね。さすがだな）

　Aさんは、日頃から積極的に仕事をとりにいくタイプのため、声をかけるとふたつ返事で了承してくれました。部下の意欲的な姿勢に、上司であるあなたも今後が有望だと、期待とともに満足を感じています。

　また、別のプロジェクトは、専門職や気難しいメンバーも多く、そのリーダーが勝気なAさんでは衝突が起こりそうでした。そこで、あなたは、日頃から周囲をよく見て後輩指導も的確な共感優位型のBさんこそふさわしいと考え、声をかけました。

〈共感優位型の例〉**NG**

> **上司**　「プロジェクトリーダーを任せたいのだけど、どうかな？」
>
> **Ｂさん**「え……。私がですか？　その、私には無理ではないかと思うのですが」
>
> **上司**　「……はぁ、そう。じゃあ、いいよ（なんてやる気がないんだ、リーダー候補から外そう）」

　Aさんとは対照的に、戸惑ったように表情を曇らせたBさん。あなたはその様子にがっかりしてしまいました。

　しかし、「せっかくチャンスを与えても、向上心がないのなら仕方ない」と思うのは間違いです。

　Bさんの向上心のあり方に即したアプローチであれば、Bさんの反応はもちろん、今後の仕事のやりがいにも変化を与えられます。

システム優位型は出世願望、共感優位型は成長願望

　システム優位型は、ポジションを重視し、出世したいという気持ちが強いタイプです。

　一方、共感優位型は、周囲から必要とされることを重視し、スキルを極めるなど自身が成長したいという気持ちが強いタイプです。

　そのため、システム優位型のやりがいは数値目標や出世といったわかりやすいかたちで推し量ることはできますが、共感優位型の仕事へのやりがいは内面的で抽象度が高いため、形式だけで「やる気がない」と判断することはできません。

「私には無理ではないか」という言葉には、昇進をためらう理由があります。周囲から必要とされることを重視するのは、裏返せば自己肯定感の低さの表れ。主観的な自己評価が低く、期待に応えられなかった場合を考えて不安にかられてしまうのです。

　こうした石橋を叩いて渡る（あるいは渡れなくなる）タイプの部下には、下記のように、不安を払拭するアプローチが大切です。

・根拠をもって期待を伝え、自信をもたせる
・背中を押す言葉をかける
・就任後も上司がフォローし、責任をとることを伝える

〈共感優位型の例〉**OK**

上司　「プロジェクトリーダーを任せたいのだけど、どうかな？」
Bさん「え……。私がですか？　その、私には無理ではないかと思うのですが」
上司　「あなたなら大丈夫。いつも後輩を指導しながら、仕事をきちんと進めてくれているよね。CさんやDさん、新人の皆もあなたを信頼していると話していたよ。だから、私としては、

　　　　　あなたにプロジェクトリーダーとして活躍してほしいと思っ
　　　　　ているんだ」

Ｂさん「……皆の役に立っているのならば、うれしいかぎりです」

上司　「あなたならプロジェクトリーダーになっても、的確な指示
　　　　　を出してくれるからメンバーもうまく働けるだろうし、成果
　　　　　を上げられると期待している」

Ｂさん「恐縮です。でも、私ではチームをまとめきれるか自信がな
　　　　　くて」

上司　「私がサポートするから思いきってやってごらん。何かあっ
　　　　　たら責任は私がとるから。きっとうまくいくよ！」

Ｂさん「……ありがとうございます。精一杯努めたいと思います！」

　ドキドキした様子ながらもＢさんは目を輝かせて頷いてくれました。
早速、プロジェクトメンバーたちに声をかけるＢさんに、メンバーたち
の士気も高まっています。

　その後も、Ｂさんはあなたに進捗や相談もしっかりとしてくれて、当
初の不安もなく、プロジェクトは成功しました。

　システム優位型の社員、共感優位型の社員の仕事に対するやる気のは
かり方、あるいはキャリアを支援する際には、社員自身が何を重視し、
どのような向上心をもっているのかを見極める必要があります。

　とくに成長機会をめぐっては、キャリアと家庭の両立が難しい女性社
員がいる現状からもわかるように、上司には見えづらい不安要素が潜ん
でいることが多々あります。ふたつ返事をしないからと言って「やる気
がない」と決めつけず、期待を伝えながら相手の言葉にも耳を傾けまし
ょう。サポートと責任の所在が明らかになれば、社員はさらなる活躍へ
と必ず前進してくれるでしょう。

【１on１】褒め方・叱り方は、どうする？

　社員のモチベーションを大きく左右するのが、管理職からの仕事に対する褒め方や叱り方です。成果にこだわるマネジメントだからこそ、成果に近い人や成果につながる仕事を褒め、成果に遠い人や成果につながらない仕事を叱ることで、社員の意識を成果にフォーカスさせる必要があります。

　しかし、成果のみの言及では、本当に上司が自分の仕事を見ているのか不安に感じる社員もいます。とくにテレワークなどにより業務プロセスがオンライン化すれば、さらにそうした不安をフォローする接し方がマネジメントでは重要になります。

「システム優位型」「共感優位型」によって ポイントは異なる

　今期の売上トップはＡさん。日頃から精力的な仕事ぶりのＡさんにあなたは声をかけることにしました。

〈システム優位型の例〉**OK**

〈褒め方〉

上司　「Ａさんが今期トップだ。君は皆の模範だよ」

Ａさん「ありがとうございます！　これからも任せてください！」

Ａさんはあなたの言葉にとても喜び、いっそう仕事に磨きがかかっているようです。一方、顧客サービスの面ではＢさんがトップでした。アフターケアも怠らないＢさんの働きぶりにあなたは声をかけることにしました。

〈共感優位型の例〉**NG**

〈褒め方〉
上司　「Ｂさんが今期トップだ。君は皆の模範だよ」
Ｂさん「……。ありがとうございます…」

　ところがＢさんはＡさんのようには喜ぶこともなく、かえってプレッシャーを感じたのか仕事で空回りすることも……。また、２人を叱る場面がありました。

〈システム優位型の例〉**OK**

〈叱り方〉
上司　「こんな凡ミスして恥ずかしくないの!?　以後,気をつけてね！」
Ａさん「すみません！　すぐに直します！」

　Ａさんはすぐに対応し、次の仕事では注意してミスをしなくなりました。ところがＢさんは違います。

〈共感優位型の例〉**NG**

〈叱り方〉
上司　「こんな凡ミスして恥ずかしくないの!?　以後,気をつけてね！」
Ｂさん「……」
上司　「聞いているのか？　そういうふうだから凡ミスがなくならないんだよ！」

それほど厳しいことを言ってはいないはずがＢさんは泣き出してしまいました。

　しかし、「子どもじゃあるまいしＢさんには困ったものだ……」と考えるのは見当違い。職場では「怒る」のではなく、うまく「叱る」という行為が大切で、管理職は、アンガーマネジメントはもちろん、部下が今後ミスをせず成果を伸ばせるように導く義務があります。

　褒め方も同じことが言えます。システム優位型はダイレクトに成果を褒めることが有効です。また、競争心が強い社員ならば「皆の模範だ」といった言葉もモチベーションアップにつながります。

　一方、共感優位型はダイレクトに成果を褒められても、自分の仕事に対する評価には聞こえず実感がありません。ただ結果や数字だけをなぞられている気分で不信感を抱く場合さえあります。

　そのため、共感優位型の人を褒める際は、下記のポイントが大切です。
　　・何がどうよかったのか、具体的に褒める
　　・期待を伝える
　　・結果だけではなくプロセスも褒める
「関心をもって仕事ぶりを見ている」ということがきちんと伝われば、共感優位型の社員はモチベーション高く仕事ができます。

〈共感優位型の例〉**OK**

〈褒め方〉

上司　「Ｂさんのミスのない仕事は信用できるし、終わった後もこまめに連絡をくれるから安心して次も頼めるとお客様方が褒めてくださったよ。私も上司としてうれしいよ」

Ｂさん「ありがとうございます！　これからも頑張れそうです」

Ｂさん自身の仕事が評価されているのだとわかり、Ｂさんの仕事はますます磨きがかかりました。他の部下たちもＢさんを模範にし、全体の成果も右肩上がりです。

　叱り方も同様に、共感優位型の人には下記のポイントを意識し、怒りではなく“ミスの改善”の必要性を伝えられることが大切です。
　　・感情的にならない
　　・具体的に何がよくなかったのか、事実と理由を伝え、本人に納得
　　　してもらう
　　・よくするための考えを本人に考えさせる
　　　（「どうすればよいと思う」⇒「それでやってみよう」）
　　・叱ったことができるようになったら（改善したら）、褒める

〈共感優位型の例〉**OK**

〈叱り方〉

上司　「Ｂさんが作成してくれた資料、グラフの数字にミスがあったよ。経営会議の資料だから、これからは絶対に数字を間違えないようにしてね。部長はこの資料を判断材料にしているから、間違っていると大きな影響があるんだよ」

Ｂさん「すみません、これからは気をつけます。自分なりにチェックはしたんですが……」

上司　「どうすればミスがなくなるかな。何かアイデアはある？」

Ｂさん「そうですね。資料づくりをしているＣさんと、お互いの資料ができた時点で相互確認をしたらミスを防げるかもしれません」

上司　「それはいいアイデアだね。Ｃさんとも相談して、そのようにしてくれるかな」

あなたが落ち着いて丁寧に話をしたところ、Ｂさんもどうしてミスが起こるのか、それを防ぐためにどうすればいいかを考えて、納得してくれました。

　結果的にＢさんだけでなくＣさんもミスが減り、２人を見習って新人たちもミスのない仕事をしてくれるようになりました。

　システム優位型・共感優位型ともに褒めるポイントは、「強化したい行動」を褒めること。

　"強調"されることでその行動は習慣化されるのです。同じ理由から「タイムリーに褒める／叱る」ことも大切です。

　成果にこだわるマネジメントでは、成果を評価基準にして社員たちの仕事を評価します。そのため、成果に結びつくプロセスは褒め、あるいは結びつかないプロセスは適切に叱ることが、成果へ社員を導くことにつながります。

　部下の成果は管理者の成果でもあります。組織の成果を上げるために、部下のことを常に気にかけ、つまずいた社員がいればすぐに手をとって起こし、背中を押してあげることに努めてください。

LGBTQ+社員が活躍できる職場とは

　近年では、セクシャル・マイノリティの認知度も高まりつつあります。世界中で差別問題も浮き彫りにされ、抗議運動を通じて性的指向・性自認がマジョリティと異なる人たちも少しずつ同様の権利を獲得しつつあります。

　企業も「LGBTフレンドリーブランド」として"優秀な人材確保と定着""LGBTをサポートしている企業"であるブランドイメージによって効果を得ています。

　販売やマーケティングの観点からも同様の効果は見られ、差別的な発言・サービスは批判にあい、不買運動につながるリスクも現実に起きています。

　一方、日本では同性婚が認められていないなど、まだまだ法整備の面でもこの動きに追いついていないのが現状です。社会構造も、街や会社も、基本的に異性愛者である「男性」「女性」のみを対象につくられています。そのため、LGBTQ+の人たちはさまざまな困難に日々遭遇しています。

　性的指向・性自認という属性にとらわれることなく、全ての社員が個々に活躍できるようにするには、どのような困難に直面しているのかを知り、環境を整備していくことが急務です。

ここでは、LGBTQ+社員が経験している問題点をご説明し、職場での留意点とそのマネジメントのポイントをお伝えします。

LGBTQ+社員が遭遇する困難

　セクシャル・マイノリティの人々が直面する問題は、（1）社会承認、（2）他者承認、（3）自己承認という3つのレベルで起こる拒絶によって生じます。

（1）社会承認

　社会レベルで見れば、異性愛者であれば当然のようにもっている権利が認められていません。

　トイレや更衣室、銭湯・温泉などの公共施設では、体の性に一致した側を利用することになっています。しかし、男性の体でも心が女性、女性の体でも心が男性である人たちは、不一致のままに社会が決める側を利用しなければなりません。

　最近では、徐々に「多目的」という名前で性別を問わない公共トイレも少しずつ設置されていますが、数も少ない状況です。

　同性婚は禁止されているため、法的に婚姻関係をもつことができません。その関係を認められなければ、"夫婦の権利"に関するものも認められなくなります。

　結婚式場を借りるのに拒否される。同性カップル同居と知って部屋を貸してもらえない。同性パートナーを受取人にすることができる生命保険は出始めましたが、選択肢が少ないのが現状です。

　平成30年3月まで、同性パートナーは「家族」として認められず、病状を聞くことや医療行為の同意、入院・緊急時に会うことすらできない状況でした。

企業もまだ「男性」「女性」といった属性区分でしか受け入れ体制がとれていないところが多くあります。

（2）他者承認

皆さんは「アウティング」という言葉をご存じでしょうか？

アウティングとは、LGBTQ+である本人が秘密にしていることを、本人の了承を得ずに暴露する行為を指します。この言葉を知らない人からすれば、「○○ちゃんが○○くんのこと好きだって！」という小学生が同級生の恋心を暴露するような"お節介"の程度にしか認識していないかもしれません。

2015年4月、ある大学の法科大学院でアウティングをきっかけに同性愛者の学生が自殺し、その翌年に遺族が大学に責任を求めて民事訴訟を起こしました。アウティングは個人のプライバシーを侵害し、「告白する・しない」という選択の自由を奪う行為で、当事者にとって命の危機にもつながる重大な問題です。

LGBTQ+の受け入れ体制が整っていない社会で、セクシャル・マイノリティが自身の性的指向・性自認を告白（カミングアウト）することは容易なことではなく、勇気を伴います。その結果、拒絶され差別を受ける可能性が高いためです。

漫画家よしながふみ氏によって男性の同性カップルの同居と食生活が描かれた『きのう何食べた？』は、テレビドラマ化され人気を博しました。美容師の賢二は公私ともにカミングアウトして周囲に恋愛の話もしますが、弁護士のシロさんはカミングアウトせず、周囲の目を気にし、時には賢二の様子に怒る姿も描かれています。

受け入れ体制の整わない社会では、当事者にとって、カミングアウトは人間関係が変わるだけでなく仕事上でも差別を受ける恐れがあり、言いづらい状況でもあるのです。

（3）自己承認

　心と体の性が一致していれば、自由に"自分らしさ"を表現できます。

　しかし、心と体の性が不一致で周囲にカミングアウトをしていない場合、奇異の目にさらされたり暴露されることを恐れ、自分の言動を偽ったり、その場に合わせなければならないことは少なくありません。

　男性用／女性用の服装、スーツや制服の着用、髪型や化粧などといった暗黙のうちに求められる社会規範を守ることで自分のアイデンティティを押し隠さなければならないことは、自らをだましているようで、非常に苦しいことでもあります。

社会に蔓延する差別

　こうした問題は、差別の表れであり、差別用語や無自覚な差別意識・言動の蔓延にもつながっています。

（1）法的差別

　先ほどお話しした社会レベルで遭遇する問題は、法的差別も含まれています。人を愛すること、家族と安心して人生をともにすることは、万人に認められるべき権利で、少しずつ法的措置がとられるようになり、変化への動きが見られます。

（2）異性愛絶対主義

　マジョリティである異性愛が"常識"だという考えが多くの人にはあります。

　例えば、恋愛話では無意識に、男性の相手は「彼女／奥さん」、女性の相手は「彼氏／旦那さん」と決めつけがちです。しかし、同性と交際している人はもちろんいます。生涯を誓いながらも同性婚が認められないために婚姻関係を結べない人もいます。

性別を分ける「彼氏（旦那さん）／彼女（奥さん）」という言葉よりも「パートナー」という言葉のほうがふさわしいでしょう。

また、異性愛を「普通のカップル」「普通の恋愛」と呼ぶことも、異性愛でないかたちの恋愛を"普通ではない"とする否定的な考えと受け取られる可能性があります。さまざまなかたちのカップル／恋愛があることを考慮すべきでしょう。

（3）差別用語・偏見や先入観・ジョーク

メディアでもLGBTQ+のタレントが活躍しています。その活躍する様子や"身内ネタ（自虐ネタ）"から、偏見や差別用語も蔓延し、日常生活で出会う一般人のLGBTQ+に悪意なく向けられることもあります。「おかま」「男おんな」「おなべ」「女おとこ」「ホモ」「レズ」といった言葉がメディア上で面白おかしく語られていたとしても、当事者にとっては傷つく言葉でもあります。また、タレントの姿から「ゲイの人は話が面白い」「同性愛者は芸術家やファッションデザイナーが多い」といった先入観をもっている方も多くいます。

LGBTQ+だからというだけで先入観をもたれることも困惑するものです。

さらに同性愛者と知って「襲わないでね」「美人なのにレズだなんてもったいない」「男同士って気持ち悪い」「女同士ってドキドキする」と冗談のつもりで言うことはたとえ悪意がないにしても差別となります。異性愛者でもそのように言われることはセクシャル・ハラスメントにあたるのですから、LGBTQ+の方にとってもハラスメントにあたります。

セクシャル・マイノリティという属性は面白おかしいネタではなく、個人のアイデンティティと生き方です。自分らしさを否定されたり人生

を否定されたりバカにされたりすれば、当事者はとても傷つきます。

職場におけるLGBTQ+が直面している現状

　日本労働組合総連合会は2016年に「LGBTに関する職場の意識調査」を行い、職場でのLGBTQ+社員たちのハラスメント経験の有無を尋ねています。

　職場でセクシャル・マイノリティ関連のハラスメントを受けたり、見聞きしたりしたことがあるかという問いに対し、身近にLGBTQ+がいる回答者のうち約6割が「ある」と答えています。

　当事者の視線、当事者に近い視線から見れば、半数以上の人たちが職場でハラスメントにあっています。

　差別的な発言、嫌がらせなどの"いじめ"、人間関係の悪化、昇進の差別などがあります。それにより、LGBTQ+社員の心身の健康を害してしまうことや、モチベーションダウン、会社や職場への不信感から離職にもつながってしまいます。

　ハラスメントが起こる職場は、どんな社員にとっても働きにくい場です。他者を傷つけることや、モチベーションを下げることを気にしない職場やマネジメントは社会悪でもあるため、組織全体の成果も下がるだけでなく、企業イメージも大幅に悪化させます。そのため、職場のモラルも含め、きちんと対応していかなければならない問題です。

職場での留意点とLGBTQ+マネジメントのポイント

　カミングアウトも難しい社会だからこそ、「うちの会社にはLGBTQ+はいない」と考えず、いることを前提に、職場のあり方や管理職・社員

の言動には気をつけるべきでしょう。

　そのことは、LGBTQ+といったセクシャル・マイノリティだけでなく、異性愛者である男性や女性にとっても快適に働くことのできる職場につながります。

（1）差別的発言・偏見はないか？

　第一に、「同性愛は気持ち悪い」などLGBTに対する否定的な発言はやめましょう。

　誰でも自分自身のあり方や生き方を否定されれば深く傷つきます。また当事者がいなくても、家族や友人など身近な存在にLGBTQ+がいる社員がいてもおかしくはありません。大切な人を否定されれば悲しいですし、不信感や怒りにもつながります。

　第二に、「ホモ」「おかま」などの差別用語、「本当は男／女なんでしょう」など冷やかすような言動を厳に慎みましょう。差別的な言動は教養と品格のなさを示すだけです。

　第三に「男性／女性らしく」「男性／女性なんだから」など、性別による決めつけや強要をやめましょう。異性愛者の男性／女性にとっても余計なお世話でしかありません。

　本来ならば、職場は仕事をする場であり、社員の性愛に言及したり触れたりすることはマナー違反です。また、性別や性自認、性的志向は成果に無相関です。ともに成果を上げるチームメンバーとして恥ずかしくない言動を心がけましょう。

（2）職場環境で改善できる点はないか？

　男性／女性専用のトイレや更衣室の他に個人のための個室をつくることは"特別扱い"のように思えますが、男性でも女性でも、病気や怪我、育児中などさまざまな理由により、他の人がいる空間を利用することに

抵抗を感じる人はいます。

　福利厚生についても、LGBTQ+が受けられないものの改善は、晩婚化による独身者への配慮など、マジョリティの中の見えない差別の是正にもなります。社員の尊厳と生活を守る環境づくりは"LGBTフレンドリーブランド"と同様に、職場に優秀な人材を集め、社会価値のあるブランドイメージの創造にもつながります。

　LGBTQ+が働きやすい職場は、社員全員にとって働きやすい職場なのです。

（3）カミングアウトされた際の対応は？

　何よりも、本人の了承を得ずに第三者に話すアウティングは厳禁です。

　そのことをしっかり受けとめることができれば、あとは過剰に配慮する必要はなく、他の部下と同等に接することが、LGBTQ+社員の安心と信頼につながります。

　もちろん、身近にLGBTQ+がいない方は、カミングアウトをされれば驚くことでしょう。しかし、当事者は不安を抱えながらも勇気を出して告白してくれたことを忘れてはいけません。

　　・「話してくれてありがとう」
　　・「他の人に知られたくないなら、絶対に話さないので安心してください」
　　・「何か困っていることはないですか？」
　　・「○○さんが困っていることを改善するため、人事／メンバーに伝えることも一案なんだけど、どう思いますか？　○○さんの意見を尊重します」

　上記のように、プライバシーの保護を約束したうえでLGBTQ+社員が困っていることはないか、それを改善するためにできることを確認し

ましょう。

　当事者である社員の気持ちや意見を尊重しながら、これまでと変わらない公平な接し方を心がけ、意見を取り入れながら誰もが気持ちよく働ける職場にしましょう。

　LGBTQ+の実情についてまとめてみましたが、いかがだったでしょうか？　ジェンダーに関しては、人によって情報格差があるため、社内において勉強会などを開催するなど、組織の文化として浸透させる仕組みを考えるべきでしょう。

若手社員・シニア社員。
「世代」による違いとは

　ひとつの家族の中でも、世代間で価値観は異なります。当然ながら、社員にも世代における価値観や考え方の傾向や違いはあります。

　どの世代のものがよい悪いというわけではなく、違いは生まれ育った時代の社会背景にあることを理解することが大切です。

　ここでは、「図2-2　年齢階級別就業者数」のまとまりから、15〜34歳までの社員を「若手社員」、55〜65歳以上の社員を「シニア社員」と捉えて見ていきます。

図2-2　年齢階級別就業者数

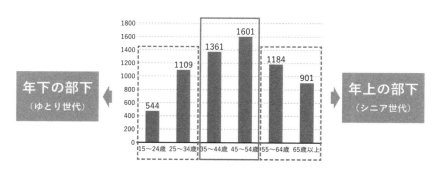

出典：「労働力調査・基本集計 令和2年4月結果」総務省統計局

皆さんの年齢を仮に44歳としますと、24歳の若手社員、64歳のシニア社員とは、20歳も年が離れています。20年前と20年後の義務教育、社会や経済の状況が違います。まずはその違い、時代背景を理解することから始めましょう。

学校教育：
若手社員（ゆとり教育）vs.管理職層（詰め込み教育）

世代間での違いを理解するうえで、「どんな教育を受けてきたか」を知ることは大切です。なぜなら、学校教育の方針は世代に応じて変わっているため、どのような能力が重要視されていたかは異なるからです。

暴走族が社会問題化した1970年代、不登校や少年非行の原因として「詰め込み教育」や過度の受験競争があるとの批判から、"偏差値重視の教育からゆとりある教育に転換しよう"と提言され、2002年より実質的に「ゆとり教育」が開始されました。

それまでの学習内容の3割が削られ、週5日制で総授業時間も減り、評価方法の変化や課題学習時間を設けるなどの試みが行われました。

しかしその後、「OECD生徒の学習到達度調査」で日本の点数が下がるなど「ゆとり教育」の問題点が露呈すると、2007年より移行措置がとられ、2011年より、詰め込みでもゆとりでもない教育のあり方を目指す「脱ゆとり教育」が開始されました。

それぞれの誕生年度の人が受けた義務教育期間中の総授業時間の長さと、教育方針の違いからグループ分けすると大きく二分することができます。

①詰め込み教育世代

　1986年以前に生まれた世代は、暗記することを重視した教育を受けてきました。言うなれば"知識偏重"の教育であり「知っていることに価値がある」と教えられた世代です。

　結果＝点数によって他の生徒たちとの順位が決まり、それに応じて評価されるため、より高い点数を出すことを求められて育ったと言えます。当時は「いい国つくろう鎌倉幕府」など語呂合わせで歴史の年号を必死に暗記していました。ちなみに近年、鎌倉幕府の成立年は1192年ではなく、実は1185年だった」という説に変わり、当時の暗記は何の意味もなくなりました。

②ゆとり教育世代

　2番目のグループは、知っているだけでは思考力は養われないとして考えることを重視した「ゆとり教育」を受けた経験のある世代で、1987年から2001年生まれの人たちが含まれます。

　点数評価ではなく、「できる」「できない」など本人の中に基準を置いた評価で育ち、高い点数よりも、学ぶものの目的や学びの意味を考えられることや、自分らしさなどを求められて育ったと言えます。

　そのため、詰め込み教育世代である管理職にしてみれば「とにかく働け」と思えるものでも、ゆとり教育世代である若者からすれば、仕事の目的や手段の説明（＝考え）なしに仕事をすることは、「よし」とされてきたものと異なるため動きません。こうした世代間のギャップも、受けた教育方針の違いから起こるのです。

時代背景：
右肩上がりの経済vs.右肩下がりの経済

　また、経済状況の差も価値観の違いの一因です。

　好景気を体感で知っている世代は、働いたぶんだけ稼ぐことができるので「真面目に頑張って長時間働けば、幸せになれる」時代を見て育ちました。稼げばテレビも車も、家も買えて欲しいものが手に入る。

　だから、「努力すれば必ず報われる」ことを信じ、気合・根性・頑張りを重視します。ちなみに、1968年から放映された「巨人の星」の主題歌は「試練の道」といった歌い出しから始まり、「ド根性」「血の汗流せ」が3回ずつ歌詞に登場します。子ども心に強い影響を与えたであろうことは想像できます。

　一方、バブル崩壊後の日本経済は低迷が続いています。1990年代は暗い事件も多く、好景気を知らない若い世代は、生まれてから日本の不幸を目にして育ちました。そのため、「ただ頑張るだけでは成功しない」ことを骨身に染みて知っており、冷めた世代ともいわれています。夢や目標がなくとも安定した生活を望む傾向から、1990年代生まれは「さとり世代」とも呼ばれています。そのため、野心や競争心、主体性をはじめとして世代間に違いが表れるのも無理はないのです。

若手社員を活かすマネジメント

　詰め込み教育の反省から、学習内容の一部削減・競争の排除が行われた「ゆとり教育」は、その後に批判の対象となり、「手つなぎゴール」や「これだから“ゆとり”は」と揶揄するイメージも描かれました。

若手社員への一般的なイメージ

　一般的に、以下のような若手社員のイメージがよく挙げられます。

①競争より協調
②むやみに頑張るより効率
③生まれた時からモノにあふれ、ハングリー精神に欠ける
④仕事とプライベートを分けたい
⑤答えは考えずに探す（検索エンジンなどで探す）
⑥打たれ弱い（少し厳しく指導しただけでパワハラと感じる）
⑦自分とは異なる世代とのコミュニケーションが苦手
⑧失敗を恐れ、優秀なのにチャレンジしない
⑨思考力は高いが、一歩踏み込んだ行動がない
⑩指示されたことはやるが、自分たちから動かない（受け身）
⑪上司の仕事の指示に対し「目的」「理由」を聞いてくる
⑫期限が決まっている仕事があるのに定時退社する
⑬ホウレンソウができない　etc.

価値観や考え方の違いから、若い世代は世界共通で「ミレニアル世代」「Y世代」「Z世代」とも呼ばれています。デジタルネイティブたちは、調べれば答えを見つけられる時代に育ったからこそ、知識や記憶の量ではなく、検索して知った情報をどう活用するかを重視するとも言えます。

　詰め込み教育世代と、育ち方に大きな違いがあれば、考え方や価値観でも違いがあると感じるのも無理はありません。自分とあまりにも異なる人を見れば、防衛反応が働き、否定的な印象を受けるのも自然です。

　しかし、それは一側面ばかりを見る、世代間バイアスに過ぎません。

「盾の両面を見よ」

　「盾の両面を見よ」ということわざがあります。物事は「表」と「裏」があるので両側面をよく見て正しく判断せよ、という意味です。

　違いがあるからこそ、どの世代の人たちにも光と影はあります。

　例えば、1980年代とその後を比較すると、少年犯罪の数は7分の1まで減少しています。少子化という背景ももちろんありますが、「ゆとり教育」の理想である自分に向き合える子どもたちが育った証とも考えられます。

　また、「受け身で主体性がない」というイメージが職場の若手社員にはついてまわりますが、一方で、今、世界を牽引する人材は若い世代から生まれています。

　スポーツ界でも「二刀流」として活躍する大谷翔平選手、次々と記録を塗り替えるフィギュアスケートの羽生結弦選手など、厳しい競争社会の中でまっすぐに自己成長に向き合ったからこそ、偉業を成す若い選手は多くいます。

一見すると柔和な印象の若い選手たちでも内にガッツを秘めていることがわかります。

そのため、「若手社員はやる気がない」と決めつけるのは早計で、そのモチベーションのベクトルを仕事に向けるマネジメントの有無によって、社員がもつ能力を成果に結びつけられるか否かは決まるのです。

上司の悩み

管理職の方から若手社員に関する相談の中で、よく聞くのは以下に挙げられる悩みです。

---

①若手社員の考えていることが理解できない
②若手社員との考え方や価値観が全く違う
③若手社員はマイペースで指導が難しい
④若手社員はメンタルが弱く、厳しく言えない
⑤若手社員を飲み会に誘いにくい
⑥若手社員とはコミュニケーションがとりづらい
⑦若手社員への指示の仕方やアドバイスの仕方が難しい
⑧若手社員は困っていても相談に来ない
⑨若手社員はホウレンソウがなく、
　納期ぎりぎりになってから言ってくる　etc.

「これだから若手社員は……」と匙を投げず、まずは冷静になることが大切です。

若手社員とのギャップ、どう埋める？

　ダイバーシティ・マネジメントの基本は、自分自身の心に潜むバイアスを意識することです。若手社員にまつわる悩みに対する解決策としては以下の3つのポイントがあります。先の表を参照しながら考えてみましょう。

（1）自分たちとは「受けた学校教育・育った環境が違う」と知る

「①若手社員の考えていることが理解できない」「②若手社員との考え方や価値観が全く違う」は、当然です。真逆の教育方針のもとで育てられ、見てきた社会像も異なるのですから、同じ物の見方をしないほうが自然とも言えます。

（2）自分たちとは「考え方や価値観が異なる」ことを理解する

　受けた学校教育も、育った環境もこれほどの違いがあると知れば、「いずれかの眼鏡でモノを見ろ」というほうが筋違いだと思えてきます。

　そのように"違い"を理解できれば、自分の考え方や価値観とは真逆のものを若手社員から示されても「そりゃ違うよね」と、違いに悩むこともなくなります。

「③若手社員はマイペースで指導が難しい」「④若手社員はメンタルが弱く、厳しく言えない」「⑤若手社員を飲み会に誘いにくい」は、「上司の指導は一方的だ」「上司はガサツで乱暴だ」「上司は飲みニケーションに頼り過ぎ」と言い換えることもできます。

（3）「よい／悪い」ではなく「コミュニケーションの
　　　 スタイルの違い」と捉える

「⑥若手社員とはコミュニケーションがとりづらい」「⑦若手社員への指示の仕方やアドバイスの仕方が難しい」のは、言い換えれば、同じ価

値観・考え方をもっている人たちには「言わなくてもわかるよね」が通じるからコミュニケーションが成立しているだけなのです。

　悩みの本質は「コミュニケーションのスタイルの違い」にあります。
　価値観・考え方が違えば物事の判断基準も変わります。それなのに共感できないものやルールを押しつけられても「何を言っているんだ、コイツは？」と困惑するだけ。感じ方は人それぞれです。詳細を言葉で丁寧に説明するなど、ローコンテクストでコミュニケーションをとれば、相手も理解することができます。

　「⑧若手社員は困っていても相談に来ない」「⑨若手社員はホウレンソウがなく、納期ぎりぎりになってから言ってくる」といった問題も、若手社員だけの問題ではありません。成果に直結する問題ならば、管理職としてその原因を知り、解決する義務があります。
　職場で若手社員と積極的に話し合う機会をもつようにしましょう。共感優位型との対話のように、話を聞き、感情的になることなく、若手社員自身が納得する方法で解決していきましょう。

　管理職がすべきことは、成果にこだわるマネジメントです。
　若手社員を能力不足と嘆くのではなく、組織全体の成果のため、どうしたらその社員の能力を引き出せるのかを考え、実行を通して解決するのがマネジメントのあるべき姿です。

若手社員への対応のポイント

　若い社員の言動に驚かされ、理解できないと感じる管理職の方も少なくありません。
　成果にこだわるマネジメントでは、部下が若い世代であっても、成果

に結びつく働きができるよう、適切に指導・育成することが大切です。

若手社員への対応におけるポイントは次の5点です。

①「ローコンテクスト」に努め、仕事の目的と手段、ゴールイメージを添えて指示する
②共感優位に働きかけ、「一緒に仕事をしていこう」という想いを伝える
③根性論を排除して、今の努力が将来につながることを論理的に説明する
④成果は「認め」、叱る時は「説明」する
⑤少しずつ「負荷」をかけ、将来の困難を克服する力を養う

若手社員との間には世代間ギャップがあるので、以心伝心は通じません。管理者がもっていた過去の常識は、若手社員の常識とは異なるのです。もし、なかなか自分の意図を理解しない若手社員がいても、「察することができないやつ」「気のきかない若手社員」と部下のせいにせず、伝える側の努力不足であると捉えましょう。

仕事の指示をする場合は、仕事の目的と手段（やり方）をローコンテクストで伝え、最終成果のゴールイメージも併せて伝えましょう。

今日では共感優位な若手社員が増えているので、「一緒に仕事をしていこう」との想いを部下の情感に伝えることで、協働意識を喚起しましょう。根性論は通用しません。「若いうちの苦労は買ってでもしろ」という論理では彼らは動きません。「なぜ、今の努力が将来の成長につながるのか」といった根拠をもとに説明してください。

筆者が大学生を指導した経験では、今どきの若い世代は「ナイーブで自己愛が強い」という印象をもちました。何名かの学生に聞くと「親にも先生にも怒られた経験は皆無です」との返答でした。そんな若手が企

業に入った瞬間、上司から激しく叱責されれば、委縮してしまうのは仕方のないことです。上司の方々は小さな成果であってもそれを見つけて「褒める」ことを心がけてください。叱る時は冷静さを保ち、感情を排除して論理的に「何がよくなかったのか、その結果としてどのような事態が起こったのか」を説明するようにしてください。

　上の世代から見て、過保護に育てられている若手社員の多くは、親から「失敗しないように」「ケガをしないように」大切に育てられています。それだけに、企業に入る前に大きな壁や障害を乗り越えた経験が少ないのが実態です。そのことが「メンタルが弱い」などと揶揄される原因でもあります。

　しかし、今後のビジネスでは、過去の自分から飛び出し大きな挑戦をしてもらう必要があります。計画的かつ戦略的に「小さな成功体験と失敗体験」を繰り返して積ませて、やがて大きな壁を乗り越える力を養成できれば理想的です。

　今はまだ、頼りないと思える若手社員でも、将来の御社の命運を握っています。未来の業績を担う中核社員へと成長する途上にあります。若手社員に対して「信じて託する」ように、じっくりと時間をかけて育成してほしいものです。

シニア社員を活かすマネジメント

　高齢化社会を迎え、シニアの雇用・再雇用の推進が進んでいます。「定年後」は今後もホットワードであり、組織における人材としても、「定年後のシニア社員」は重要課題のひとつです。今までのように補助的な人材ではなく、積極的な取り組みが求められています。

シニア層の実情

　定年退職を目前に控えた55歳〜60歳未満の層、定年を過ぎて再雇用される60歳以上の層では、それぞれ、ポジションや給与が下がることで働きぶりにも変化が見られる傾向があります。

◇55歳〜60歳未満のプレシニア社員
①役職定年＆年収ダウンからモチベーションが下がる
　パーソル総合研究所が行った「ミドル・シニアの躍進実態調査」（2017年）によれば、役職定年制度の対象年齢は50歳から55歳の設定が多いことが明らかとされています。役職も外れ、あるいは就任を目標に頑張ってきた社員がその梯子を外されれば、当然ながらモチベーションは下がります。

　役職をおりれば、年収も下がり、モチベーションを上げる要素も減っていきます。

②キャリア終盤＆老後不安でしぶしぶ働く

　若い世代に後を譲るべくセミリタイアすべきポジションという意識か
ら、自分のキャリアに対して前向きな気持ちになることが難しくなりま
す。しかし、辞められない事情もあります。年金支給開始の年齢の引き
上げ、晩婚化で、まだ子どもが未成年であるなど、働けるかぎりは働か
なければならない現実との間で葛藤している年齢層でもあります。

③やりがいをもって働くことを望む社員もいる

　一方で、長年積み重ねてきた知識と経験によるキャリアを活かしたい
という思いを強くもっている人たちもいます。人生100年時代ともいわ
れ、まだまだ現役を勤められるからこそ、若い人に負けずに自分にでき
ることを積極的に努めたい、やりがいをもって働くことを望む人も多く
います。

◇**60歳以上のシニア社員**

①退職再雇用＆減給で給料ぶんだけ働く

　多くの企業では60歳を過ぎると定年を過ぎて退職再雇用となります。
給料は半減あるいは３分の１まで減額されて働いている人がほとんど。
当然ながら給料の額に見合った働き方をすればいいと考えるようになり
ます。社内での立場も、現役で働く社員とは異なるために「言われたこ
とをやればいい」、社員と同じような"働きぶり"や"やりがい"は求
められていないと感じます。

②健康問題からマイペースに働く

　高齢者になれば、脳溢血やくも膜下出血など急死するケースもありま
す。同世代の中でそうした事例を目のあたりにして、自分も無理ができ
ない年齢だという自覚から、健康に障ることのない範囲で働こうという
気持ちになります。

③会社に貢献したいと望む社員もいる

プレシニア層と同様に、働く限りはやりがいをもって仕事をしたいと強く思う人たちもいます。給与の額にこだわらず「お客様のために」「社会貢献として」「育ててくれた上司や先輩、会社に恩返しをしたい」と働く方々もいます。

シニア社員は、キャリアゴールが見え、減給などによってモチベーションが下がる要素が増えます。一方で、年齢に関わらず、やりがいをもって働きたいと望む人たちもいます。

そのため、一概にシニア社員といっても、モチベーションのばらつきは大きいため、マネジメントではとくに個別対応が必要となります。

シニア層部下への対応のポイント

年上の世代が部下になり、やりづらさを感じる管理職の方も少なくありません。

成果にこだわるマネジメントでは、シニア層で自分よりキャリアの長い人が部下であっても、成果に結びつく働きができるよう、適切にコミットすることが大切です。

シニア層部下への対応におけるポイントは次の5点です。

①尊敬と感謝を忘れない（丁寧な言葉で話して自尊心を傷つけない）
②役割を与え、居場所をつくり、組織に「なくてはならない人材」として活かす
③過去の仕事経験を活かせる業務を付与し、本人の得意技を活かす
④頼り、時にうまく甘える
⑤挨拶は管理者から進んで行い、就業時間以外は先輩として接する

若手社員との間に世代間ギャップがあったように、シニア層の世代にも時代背景による考え方や価値観の傾向があります。年功序列やタテ社会の関係を重んじ、年上の人は敬うべきだとする思想が浸透しているため、マナー違反は御法度です。

　たとえ社内のポジションでは自分が上でも、会社に長年にわたって貢献してきたキャリアへの敬意と感謝の念を忘れてはいけません。部下になったのだからと横柄な態度をとったり、年下のように扱ったりすることは失礼ですし、周囲にいる若い社員たちも見ています。自分がシニア社員になった時、それを見ていた社員は、自分に対して同じように接してくることを忘れてはなりません。

　その一方で、しっかりと成果を出してもらう必要もあります。

　シニア層の強みを活かすには、長年の経験や知識が生きる役割を担ってもらったり、後輩指導をしてもらったりなど得意分野で活躍してもらいます。自分の過去のキャリアが活かされ周囲に役立っていると感じれば、誰でも自信がつき、やりがいをもって前向きに働けるようになるものです。

　シニア世代は経験豊富で、いずれは皆が辿る道を照らす存在です。

　だからこそ、敵に回すことなく味方につけましょう。時には自分よりも仕事をよく知る者として助言を求める、意見を聞くなど、頼ったり甘えたりし、良好な関係性を築くようにしましょう。

とくに、60歳超社員への対応がポイント

　シニア社員は他の社員のように給与額や処遇によってモチベーションを向上することが難しくなります。そのうえ健康問題もあるため、とくに60歳以上のシニア社員へのマネジメントでは、次の3点に留意しましょう。

（1）仕事の意義や社会貢献、後輩指導でモチベーションを
　　　アップ

「シニア社員はやる気がない」と他人事のような態度をとることなく、処遇やさまざまな変化からモチベーションが低下してしまうことに共感をもち、受け入れましょう。そのうえで、仕事の意義や社会貢献、後輩指導など、仕事のやりがいの再定義をサポートする必要があります。時には、会議や朝礼などの司会進行役を任せるなど、活躍の場を提供しましょう。

（2）コミュニケーションを重視する

　年功序列のタテ社会を生き抜いた世代だからこそ、挨拶や情報のやりとりには厳しい面もあります。管理職が率先してシニア社員に大きな声で元気に挨拶をするようにしましょう。

　また、デジタルネイティブとは対照的に、出勤が当たり前でモーレツに働き、侃侃諤諤（かんかんがくがく）のコミュニケーションをしてきた世代でもあります。だからこそ、コミュニケーションが希薄にならないよう、メールでの情報共有や、打ち合わせに参加してもらうなど、積極的に関わり合いをもち、シニア社員がもっている知識や経験、人的ネットワークを活用しましょう。

　こまめなコミュニケーションを心がけ、敬意を示せば、やりがいにもつながります。ただし、この層への承認は「褒める」ことではありません。「感謝」することが承認であると置き換えて実践してください。

（3）ワークライフバランスに配慮する

　60歳を超えれば健康が心配になるのは当然ですから、よく配慮する必要があります。親の介護の問題も生じてきます。そのため業務時間が短くなるなど、仕事と生活の割合が変化するのもやむを得ません。

シニア社員へは、ハイコンテクスト・コミュニケーションで接する

　共感優位型、価値観・考え方の異なる若手社員には、丁寧に詳細に説明することがマネジメントのポイントであるとご説明しました。これは、管理職と部下社員の間に、共有できていることが少ないと前提しているためです。シニア社員は会社員という歴が長く、そのぶんだけ、組織の価値観や常識などを熟知しています。場合によっては、管理職よりもよくわかっていることも多いため、共有できていることが多いと前提して、コミュニケーションをとるのが適切です。

　若手社員、シニア社員へのハイコンテクスト／ローコンテクスト・コミュニケーションの使い分けについては、章末の「図2-3　若手社員・シニア社員向け　シチュエーション別対処例」を参照してください。

褒め方＆叱り方は、"漠然"＆"さらり"と

　説明し過ぎることは"上から目線"の印象を与えます。そのため、シニア社員に対する褒め方や叱り方に具体性は必要なく、漠然と、さらりとしたもので十分に通じます。

　とくに叱る際には、責めるような言い方や口調では後にしこりにもなるので、場合によってはミスへの共感を示しつつ、自分事として改善案を提示しましょう。

　経験豊かな社員をつかまえて、わかっていることを事細かに説明すれば「子ども扱いしているのか」「俺の仕事を信用していないのか」と感じてしまいます。「頼みますね」くらいでちょうどよいのです。

〈シニア社員への褒め方の例〉OK

上司　「こんなに難しい企画書をたった1日で仕上げるとは、さすがSさんですね！」

Sさん「ありがとうございます。長年やっていたことなので大したことじゃないですよ。どんどん任せてください」

――――

上司　「3年目のAさんの営業同行、ありがとうございます。Aさんは顧客対応があまりうまくないので、Sさんにフォローいただけて助かりました」

Sさん「ありがとうございます。Aさんは頑張り屋なのでこちらもやる気が出ますよ」

〈シニア社員への叱り方の例〉OK

上司　「数字のミスだなんて、Sさんらしくないですね」

Sさん「いやぁ、すみません。見落としていたようで。次からは大丈夫ですよ」

――――

上司　「新しいシステムは、画面がなかなか見慣れないですよね。入力ミスを防ぐために、私は一度出力してチェックしています。Sさんも試してみてはいかがですか？」

Sさん「じつは、苦労していました。確かにその手はうまくできそうです、試しみますね」

図2-3　若手社員・シニア社員向けシチュエーション別対処例

場面・状況	若手社員向け「ローコンテクスト」	シニア人材向け「ハイコンテクスト」
① 仕事の指示を行う時	仕事の全体像、目的、進め方を**具体的に指示**する。場合によっては見本も見せる	くどい説明は不要。**過去の経験と紐づけ**、「あの仕事を成功させた〇〇さんに、ぜひお頼みしたい仕事があるんです」と、**下から丁寧に依頼する**
② 新しい仕事に取り組んでほしい時	新しい仕事には誰でも難色を示すため、仕事の目的、手段に加え、なぜその人が最適だと思うのか（**主張**）、その人ならできると考える理由（**根拠**）をきちんと説明する	新しい挑戦を嫌がる傾向があるため、「〇〇さんには**周囲への模範**になっていただきたいんです。**注目されている**〇〇さんがやってくれれば、皆もきっと真似しますから、ぜひお願いします」と盛り上げる
③ 新システムの学習	比較的積極的に取り組む傾向がある。導入の理由やメリットを伝え、マニュアルを渡せば1人で勝手に進めてくれることが多い	新しいことを覚えるのが苦手なうえ、覚えても先が見えているため、対応を嫌う。「私が**個別に支援**しますから、**同僚の見本**としてぜひ先頭に立って取り組んでください」と、相手の立場も考慮してお願いする
④ 飲み会などの誘い	ワークライフバランスを重視するため、就業時間外の飲み会を敬遠する。可能であれば**就業時間内に業務として**行い、就業時間外であれば、**予め周知して自由参加**であることを告知するとともに、同僚と交流することの**仕事上のメリット**を伝える	一般に飲み会は好きだが、給与減や健康上の理由から頻度が減っている。また、年下とはいえ上司には声をかけづらい。**上司のほうから**「たまには飲みに行きませんか？　ぜひ教えてほしいことがあるんです」と声をかける

場面・状況	若手社員向け 「ローコンテクスト」	シニア人材向け 「ハイコンテクスト」
⑤ 褒める時	漠然と褒めても響かない。**具体的な結果**と、そこに至るまでの**過程の頑張り**と、過去と比較しての成長を褒めることで「ずっと自分を見てくれている」と喜ばせることができる	具体的な結果や過程や成長を褒めると、どうしても上から目線になってしまうため厳禁。聞き手が自分自身で解釈できるように「さすが〇〇さんですね」「〇〇さんのおかげで助かりました」など**漠然と**褒める
⑥ 叱る時	感情的に叱っても響かない。論理的に指摘し、改善点も**具体的**に話す。叱られたことで落ち込み、感情的になりやすく、自分で対策も考えられないため、具体性がポイント	年下管理職が上から目線で叱るとしこりになりやすい。具体的なポイントの指摘も「わかっているから」と嫌がられる。**さらりと**「〇〇さんらしくないミスですね」「この次はこんな風にしてみてはいかがですか」と言えば通じる
⑦ 上からの新しい方針・施策を伝える時	新方針の背景や理由、重要性、従来の方針との違いなどを詳細に伝え、今後期待される行動や、実際に何をすべきなのか、**具体的にわかりやすく**指示する	いきなり上からの指示として伝えると反発されることが多いため、課内会議よりも前に内々で一対一で伝える（**根回し**）。伝える際も命令ではなく、どのように伝達すれば課員が理解、賛同してくれるか**アドバイスをもらう相談形式**をとる
⑧ 普段の接し方	上司に対して萎縮しがちなため、何でも話しやすい雰囲気をつくる。**上司から積極的に話しかけ**、「将来を期待していること」「今の努力が未来で実を結ぶこと」などを伝え、**長期的な会社へのコミットメントを醸成**する	年下上司との関係に難を抱えることが多い。壁をつくらないよう、できるだけ**明るく頻繁**に話しかける。シニア人材のこれまでの活躍と会社貢献に対する**感謝と尊敬の念**を忘れない。時には甘えて**教えを乞う**ことも有効

Ⅲ章

２％のマイノリティを
活かすマネジメント

──外国人、障害者

　Ⅱ章では、変わりゆくジェンダーとジェネレーションについて言及しました。本章では、日本企業のわずか２％のマイノリティである、外国人社員と障害をもつ社員のマネジメントについて理解を進めましょう。現在はわずか２％という数字ですが、少子高齢化を迎える近い未来において、この数字が大きくなっていくものと予想されます。ですから２％という数字にとらわれず、大きな意味をもつテーマだとお考えください。

外国人社員と日本人社員の違いとは

　日本における外国人の雇用状況は、「図3−1　在留資格別外国人労働者数の推移」のとおりです。2008年から2019年の約10年間で外国人労働者の数は3倍以上に増加し、右肩上がりを続けています。

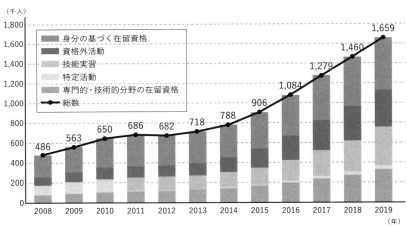

図3−1　在留資格別外国人労働者数の推移

注1：「専門的・技術的分野の在留資格」とは、就労目的で在留が認めれられるものであり、経営者、技術者、研究者、外国料理の調理師、特定技能等が該当する
注2：「身分の基づく在留資格」とは、我が国において有する身分又は地位に基づくものであり、永住者、日系人等が該当する
注3：「特定活動」とは、法務大臣が個々の外国人について特に指定する活動を行うものである
注4：「資格外活動」とは、本来の在留目的である活動以外に就労活動を行うもの（原則週28時間以内）であり、留学生のアルバイト等が該当する

出典：「外国人雇用についての届出状況」厚生労働省 令和元年10月末

また日本は、OECD「国際移民アウトルック2018」によると、2016年に日本に流入した外国人は約43万人であり、外国人受け入れ数では世界第4位でもあるのです。

　今後、さらに外国人労働者は増えていくと考えられ、どの企業にとっても外国人社員のマネジメントは重要な課題になってくるでしょう。

日本のマネジメントは、世界から見れば異質？

　農業や漁業をはじめとし、コンビニエンスストアなどでも外国人の従業員を見かけることが日常的になりましたが、厚生労働省による労働力調査（2019年）の結果を見ると、日本で暮らす外国人は日本総人口のうちの2％ほど。外国人社員のいない職場のほうが多く、そのマネジメントともなれば局地的、外国人部下へのマネジメントをとくに意識しない日本人上司がほとんどです。

　それでは、世界規模で考えるとどうなるでしょうか？　世界総人口おおよそ77億人のうち、日本人は1.6％ほど。働いている人の数で見ても1.8％と、日本で働く外国人社員よりも世界で働く日本人社員のほうがマイノリティです。

　各国のGDP（国内総生産）を比較すると、第1位のアメリカは全世界の4分の1ほど占めているのに対し、第3位の日本は全世界のうちの約6％に過ぎません。日本人企業における〈日本人上司－日本人部下〉マネジメントは、国際レベルで見れば超局地的で特殊なマネジメントなのです。

日本人上司が外国人部下に感じる問題：
郷に入っても郷に従わない

〈日本人上司－日本人部下〉マネジメントのまま、外国人部下に接した場合、どのようなギャップが生じているのでしょうか？　日本人上司が外国人部下に感じている代表的な問題点は以下のとおりです。

（1）空気を読まない

①阿吽（あうん）の呼吸、暗黙の了解、空気を読んだ忖度などが通じない

②会議での突飛な発言はやめてほしい。根回しによる全会一致の美学が通じない

③「YES・NO」をはっきり言わず、対立や葛藤を避ける言い方に合わせてほしい

④日本の常識や当たり前が通じない

⑤自己主張が強い。自身のアピールが強い

（2）「評価・昇給・昇格」をオープンに話して
　　　自己アピールに固執する

⑥できないことも「できる」という

⑦原因究明しようとすると、責任回避の言い訳が多い

⑧基本的に楽天的であり、問題解決していないのにすぐ「Should be OK」と言う

⑨周囲との軋轢を生みやすいので「評価、昇給、昇格」などの言葉は控えてほしい

⑩価値観が違う。働く意識や意味が違う。衛生感覚が違う

（3）自身の業務内容と業務範囲にこだわる

⑪家族を大切にして定時にまず帰る／休日であっても仕事を進める姿勢に驚いた

⑫自身のスキルや仕事内容・業務範囲へのこだわりが強く、指示したことをやってくれない

⑬外国人との仕事に関するコミュニケーションが難しい

⑭会社に対する忠誠心がない

⑮自分で自分の仕事をクローズして、ホウレンソウが少ない

（4）言語・文化・体制の違いによる問題

⑯皆が残業しているので、自身の事情だけを優先せず、もっと周囲に合わせてほしい

⑰はじめて外国人部下をもつのに、会社からは何の説明も訓練もない

⑱自分は「できていないこと」を知りたいのに、外国人部下は「できたこと」を話したがる

⑲上司や役員に対しても平気でニックネームで呼ぶ。上司扱いをしない。尊敬がない

⑳終業時間になるとすぐに帰りたがる。一方、仕事中の集中力は日本人の比ではない

上記の4つの問題に対する原因を考えていきましょう。

◇空気を読まない

均一化された社員が集まる職場では、価値観や考え方も共通しているため、会話も会議も"察する"ことで済むことが多くあります。暗黙の了解があるため、多くを語らずとも察してくれたり、上司やチームが残業していれば手伝うなどしてくれます。

ところが、忖度文化を知らない外国人部下は、会話も会議も"察する"

ことがありません。上司に対してもYES／NOが明瞭で、まとまりそうな会議もまとまりません。議論が活性化する会議をよしとする考えを外国人部下がもっていれば、なおのこと衝突が生じます。

◇「評価・昇給・昇格」をオープンに話し、
　　自己アピールに固執する

　お金やポジションよりも労働の意義や会社への忠誠心を尊ぶ人が尊敬される社会では、露骨に評価・昇給・昇格を話し、ガツガツとした態度は嫌がられます。一方で、報酬を求めることはそのぶんだけの能力を買われていることを知っている外国人部下は、積極的に自己アピールをします。

　その様子に、忠誠心のなさや無責任さ、楽観的な印象を受け、できていない点を指摘できず、日本人上司は管理の難しさを覚えることもあります。

◇自分の仕事内容・業務範囲にこだわる

　仕事と対価の関係をはっきり認識している外国人部下は、自分のコントロール下で仕事をこなすため、ムダな残業をせず、自分のやるべきこと以外のことは行わない傾向があります。ホウレンソウも少なく、知らないうちに勝手な行動をとられて焦る上司を尻目に、成果を出すために必要なことをしただけと、外国人部下はどこ吹く風です。その振る舞いに管理者が振り回されることもよくあります。

　そのような外国人社員の様子は、日本人社員の目には自己優先的に見え、上司の指示でも業務内容の範囲外であれば従わないことで、日本人上司は頭を抱えてしまいがちです。一方、外国人部下のほうでは、いちいち細かいことを管理したがるマイクロマネジメントへの戸惑いもあります。

◇言語・文化・体制の違いによる問題

　根本的に、言語上の問題や社内で整っていない外国人部下マネジメントの体制に、日本人上司は困惑させられるケースもよくあります。また、タテ社会で上下関係を重んじる日本の常識を知ってか知らずか、上司や役員もニックネームで呼ぶなど気楽に接する外国人部下に悩む日本人上司もいます。

外国人部下が日本人上司に感じる問題： 情報伝達スキル不足

　一方、外国人部下も〈日本人上司－日本人部下〉マネジメントに戸惑っています。外国人部下の目には日本人上司のコミュニケーションは情報伝達スキル不足に映っているのです。

　外国人部下が感じている代表的な問題点は以下のとおりです。

（1）ハイコンテクストなコミュニケーション
　①「以心伝心」「空気を読む」「一を聞いて十を知る」は理解不能
　②「時間のある時に……」「いつもどおりに……」「キリのいいところ
　　で……」などの曖昧な表現ではわからない
　③「言われなくても察して動け」は意味不明で理不尽

（2）論理性の不足
　④仕事の目的がわからない。そのくせ細かく指示してくる
　⑤客観的なエビデンス、メリットとデメリットの考察がなく非合理的
　　な意思決定
　⑥「あなたの国ではわからないが、日本ではこうなのです」と頭ごな
　　しに強要された

（3）基本的コミュニケーションスキル不足

⑦日本語教師と違い、「無表情でぼそぼそ」話すので聞き取れない

⑧目をつむり腕組みで聞いており、聞いているのかどうか心配になる。
何を考えているのかわからない

⑨「変なヨコ文字」が多くて、その意味がわからない（上司も正確に
わかっていないのでは？）

（4）個別対応スキル不足

⑩その仕事を続けて、自身のキャリアアップが図れるのかが心配にな
る

⑪急にプライベートよりも仕事を優先するようなスケジュール変更を
要求してくる

⑫評価システムが不明で、昇進が遅く、何をすべきかがわからない

（5）体育会系マネジメントの押しつけ

⑬ホウレンソウを過度に要求し、マイクロマネジメントで信頼されて
いない

⑭上司にアイデアを提案すると「あなたは考えないでよい。言われた
とおりやってくれ」と言われた

⑮長時間労働の同調圧力が激しい。仲間の残業に付き合うのは当然だ
と思っている

（6）内向き過ぎるマネジメント

⑯上司がさらにその上司に対して全く交渉できない、NOと言えない。
管理者なのに自分で決められない

⑰上司がさらにその上司に報告するために、それ用の報告書を作成す
るように指示された

⑱上司のさらに上司からの指示に論理矛盾があっても、自己保身のために理不尽な仕事を部下に要求する

上記の6つの問題の原因と解決策は以下のとおりです。

◇ハイコンテクストからローコンテクストへ

ハイコンテクストなコミュニケーションは、前提を共有していなければ成り立ちません。当然、異文化の価値観・考え方をもつ人の前では成立しません。

"以心伝心"や"空気を読む"は日本の美徳であっても、異なる文化で生まれ育った人からすれば「日本人同士でやればいい」こと。曖昧な指示や「言われなくても察して動け」は、意味不明で指示役の責任放棄に見えます。

もっとローコンテクストなコミュニケーションに努め、言葉を駆使して全てを精緻に伝えることを心がけましょう。額面どおりに伝え、額面どおりに受け取るスタイルへの転換です。部下に伝わっていない場合の責任は部下にあるのではなく、伝えていない自身にあると考えてください。ローコンテクストなコミュニケーションスキルは、日本人部下にもプラスに働きます。

◇論理的に考え、論理的に伝える

結論やゴールがあり、それを支える客観的エビデンスがあるのが論理構造の仕組みです。ところが、仕事の目的も告げていないのに指示は細かく、意思決定のプロセスが不明瞭であれば、納得はできません。極めつけに「ここは日本だからこうする」と強要されれば、理不尽です。そのような語り口調の日本人上司は、外国人部下からすれば、論理的に考えて伝える能力がないように見えます。

体育会系社員を重宝してきた理由は、「少々論理性が欠如した指示」

であっても「ハイ！」と即答してくれたので、管理者が楽できたのです。日本だけで通用してきた「しきたり」は、国際的には異質でしかありません。

論理と数字だけが世界共通言語です。もっと、数字を使いながら論理的に説明することに努めましょう。

◇基本的なコミュニケーションスキルと個別対応スキルの向上

表情や表現が乏しく、口をあまり開くことなくボソボソ呟く。Japanese English（和製英語）の"変なヨコ文字"を話す。「何を考えているのかわからない」「本人も正確にはわかっていないのでは？」と、外国人社員から見れば、日本人上司は意思疎通する意識があるのかと不審に感じます。

また、外国人部下本人の意思を確認することのないキャリア設計やスケジュール変更、不明瞭な評価システムなど、マネジメントの個別対応スキルのなさから、いよいよ会社に対する信頼も築けなくなります。これでは「チームワークが足りない」と指摘されても納得できないでしょう。

基本的なコミュニケーションを高めることと、個別対応スキルを高めることは、日本人部下のマネジメントにも効果的です。とくに、若手社員に対するスキルとして効果的であり、ぜひ高めておきたいものです。

◇内向きから外向きマネジメントへの転換

過剰にホウレンソウばかりを求められ、その意図も効果も不明では形式ばかりを気にする行為に見えます。アイデアを出しても「あなたは考えなくていい。言われたとおりにやってくれ」と日本人上司から言われたというケースもあります。

さらに不信感を募らせるのは、上にはNOと言えない日本人上司の姿です。非効率的でも役員専用の報告書作成を命じられる。上からの指示

に論理矛盾があっても、自己保身のために理不尽な仕事を部下にも要求する。こうした機能不全に陥ったマネジメントを前に「勘弁してくれ」と感じるのは自然です。それでは会社への忠誠心も育つはずがありません。

これまでは世界に出ていくことがグローバル化でしたが、これからは日本にいてもグローバルです。世界のたった２％に満たない日本独自のマネジメントを改め、まずは内向き意識を外向きに変えていきましょう。見るべきは会社の外、顧客や市場や世界です。

グローバルなマネジメントとは

　こうした日本人上司と外国人社員とのギャップを埋めるには、外国人社員へのマネジメントとして以下のポイントを意識し、取り組むことが大切になります。

　そのポイントは、「異文化を理解し」「論理中心主義で」「ローコンテクストな」コミュニケーションを取ることです。

　マネジメントの大前提は、コミュニケーションです。

　コミュニケーションの基本は、"他者"だからこそ"わからない"を前提に相手の話を聞いて意思を確認し、こちらの意図も言葉にして伝えること。ジェスチャーや表情なども情報伝達ツールの一部ですが、難しさを覚える場合は、書き出して見せるなど、"見える化"することも有効な手段です。

　国が違えば、言語や文化、歴史は異なります。言語を構成する文法、言い回しの違い、移民国家や単一国家という歴史と意識のあり方も違えば、ものの捉え方も変わります。歴史や文化の違いは、価値観や考え、何をよしとし悪いとするかも変わります。

ハイコンテクストvs.ローコンテクスト

　欧州経営大学院INSEAD教授のエリン・メイヤーは、異文化マネジメ

図3-2　異文化を理解する①

アメリカ　オランダ　ドイツ　イギリス　ブラジル　フランス　インド　中国　日本

◀──▶

ローコンテクスト　　　　　　　　　　　　　　　　　　　　**ハイコンテクスト**

より ローコンテクストで明確に表現しながらも、丁寧な伝え方が望まれる

出典：『異文化理解』エリン・メイヤー 英治出版 2015

ントの研究にあたり、数千人の経営幹部への取材をもとに異文化理解のための8つの指標からカルチャー・マップを開発しています（『異文化理解力』エリン・メイヤー 英治出版 2015年）。

「図3-2　異文化を理解する①」が示すように、日本人上司が求める"察し力"はハイコンテクストなコミュニケーション、外国人部下が求める"明瞭さ"はローコンテクストなコミュニケーションにあたります。
　そのため、日本人上司と外国人部下との間にギャップがあるのは当然とも言えます。日本人上司や社員たちがギャップを感じないのだとすれば、それは外国人部下の弛まぬ努力のおかげです。

「日本で働きたいなら郷に入っては郷に従え！」と言う方もいらっしゃるでしょうが、「やってみせ　言って聞かせて　させてみて　誉めてやらねば　人は動かじ」という格言があるように、上司が模範となることが必要でしょう。現代の企業理念に通ずるこの精神に多くのビジネスパーソンは共感を覚えるのではないでしょうか。
　情に篤く部下たちから慕われた山本五十六のこの言葉は、そこまでして初めて信頼は得られることも意味しています。世界に学んだ山本五十六からすれば、教えて導く立場こそ、歩み寄る姿勢が大切なのでしょう。

「異文化理解」とは

メイヤーによれば、（1）部下へのネガティブな表現を直接的／間接的に伝えるか、（2）何をベースに信頼を構築するのか、（3）会議や議論で意見を合わせる／対立する傾向があるかは、文化によってよしとするものは異なります（図3-3　異文化を理解する②）。

日本では、（1）は間接的に、（2）は関係性をベースに、（3）は対立回避によって場をまとめる傾向が好まれても、欧米では（1）は直接的に、（2）はタスク（成果）をベースに、（3）は対立によってよりよい答えを導き出す傾向が好まれます。

図3-3　異文化を理解する②

（1）部下指導の場面

| オランダ | ドイツ | フランス | アメリカ | イギリス | ブラジル | インド | 中国 | 日本 |

直接的な
ネガティブフィードバック　　　　　　　　　　　　　　　　　**間接的な**
ネガティブフィードバック

（2）信頼構築の場面

| アメリカ | オランダ | ドイツ | イギリス | フランス | 日本 | ブラジル | 中国 | インド |

タスクベースの信頼　　　　　　　　　　　　　　　　　　**関係ベースの信頼**

（3）会議や議論の場面

| フランス | ドイツ | オランダ | アメリカ | イギリス | ブラジル | インド | 中国 | 日本 |

対立型（見解相違）　　　　　　　　　　　　　　　　**対立回避型**（見解相違）

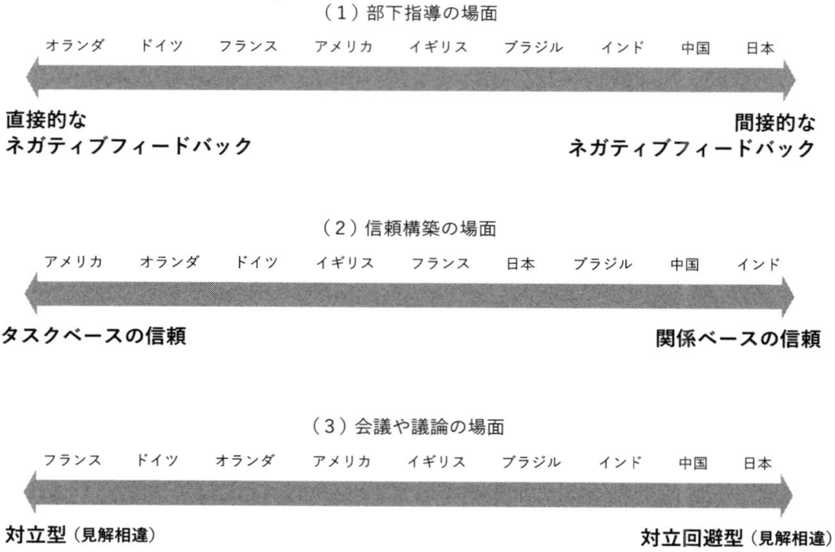

出典：『異文化理解』エリン・メイヤー 英治出版 2015

日本人でも、論理性を磨く校風で育った社員や欧米文化で育った帰国子女であれば、その異文化経験が個人の強みになっています。異文化を理解することは、その社員が生まれ育った"その人らしさ"を知ること。

均一的でイノベーションを生みにくい文化に対して、異質な人材は変化のきっかけをもたらすでしょう。せっかくの強みを無下に扱うことなく「組織全体の成果を伸ばすためにはどうあるべきか?」と既存の企業文化を見つめ直す好機です。

本来、人はそれぞれに"異文化"をもっています。

「システム優位型」「共感優位型」に見られるように、同じ日本人・世代でも異なる価値観をもっています。国が違えばさらに異なる文化をもつともなれば、本来は個人の数だけ"異文化"が存在するとも言えるでしょう。

千差万別の社員たちをまとめあげるには、"共通言語"が必要になります。"以心伝心"は万人にできずとも、ビジネスパーソンであれば誰でも"論理"や"理屈"で物事を考え、伝えるスキルを持ち合わせています。

だからこそ、外国人社員を活かすマネジメントの肝は「論理的に考え、論理的に伝え、論理的に人を動かす」ことなのです。

ローコンテクスト文化と論理性

　組織の判断の多くは根拠をもとにくだされます。根拠をもとに資本が動くように、ビジネスの場では根拠をもとに人は動きます。

　異文化比較で見られたように、価値観や考え方を共有するハイコンテクスト文化では、人間関係に基づく信頼など抽象度の高い根拠が人を動かす動機になります。均一的な人材が集まり、"言わずもがな"の関係や場の空気ができているためです。

　それに対し、ローコンテクスト文化では、タスクや成果に基づく信頼など、具体的な根拠が人を動かす動機になります。性差や世代間の違いにも見られるように、価値観や考え方が異なる人たちに理解と納得を求める場合には、明確に意図を伝え、具体的な根拠を提示することが大切です。

　そのため、外国人社員に仕事の指示やチーム目標などを伝える際には、"論理的"に伝えるようにしましょう。

"論理的"に「個人」を動かす

　伝え方の基本構造は、①話の焦点＝「結果」を先に伝える、②その焦点を支える根拠を述べる、この2点セットです。

上司・部下・関係者などの個人に対してこちらの言い分を受け入れて
ほしい場合は、次のようなかたちで話を構成すれば、相手は納得して受
け入れてくれます。

> ・結論を受け入れてほしい時：
> 　〈①結論を伝える→②理由を伝える〉＝相手は結論を受け入れる
> ・主張を受け入れてほしい時：
> 　〈①主張を伝える→②根拠を伝える〉＝相手は主張を受け入れる

　例：「Cさんには X社の担当をしてもらいます。その理由は２つあり
ます。ひとつは、X社は中国市場を拡大したいと考えており、中国で長
く働いた経験と見識のあるCさんならば適任であること。もうひとつの
理由は、Cさんは統計スキルが高く、中国市場のマーケティングを検討
するうえで、そのスキルが活かせるからです」

"論理的"に「集団・組織」を動かす

　チームや会議など集団や組織に対して目標や目的を伝え、達成に向け
て動いてもらいたい場合は、次のようなかたちで話を構成して伝えれば、
納得してもらえます。

> ・皆に"目標"を理解して行動してもらいたい時：
> 　〈①目標を伝える→②計画を伝える〉
> 　　＝皆は目標達成とそのプロセスを理解し行動できるようになる
> ・皆に"目的"を理解して行動してもらいたい時：
> 　〈①目的を伝える→②手段を伝える〉
> 　　＝皆は目的達成とそのプロセスを理解し行動できるようになる

例：「来年度目標は今期実績値の10%アップとします。その達成に向けた計画案としては大きく４つを考えています。まず、週一の進捗確認を行うことを徹底します。２つ目に、第一四半期末までに調査とプロジェクト管理システムの導入を完了させます。３つ目に第二四半期末までにサンプリングを開始します。４つ目に、第三四半期を改善期間とすることで達成を実現します」

　外国人社員は、異なる国・文化の出身者というだけでなく、業界やキャリアの背景も異なる傾向が高いです。どんな相手でも、論理的に筋道を立てて話を伝えれば、自身の意図を説明することはできます。

障害者の現状を知る

　障害者基本法によって定められている障害者の定義は、次のとおりになります。

　「身体障害、知的障害、精神障害（発達障害を含む）、その他の心身の機能の障害があるものであって、障害及び社会的障害により継続的に日常生活又は社会生活に相当な制限を受ける状態にあるものをいう」

　身体障害は、視覚障害、聴覚・平衡機能障害、音声・言語・そしゃく機能障害、肢体不自由、内臓機能などの疾患による内部障害、重複障害であり、重度（1級、2級）、中度（3級、4級）、軽度（5級、6級）、重複（7級）までの等級があります。

　知的障害は、記憶、知覚、推理、判断などの知的機能の発達に遅れがみられ、社会生活などへの適応が難しい状態であり、「最重度」「重度」「中等度」「軽度」の等級があります。

　精神障害は、うつ病、統合失調症、双極性障害、薬物依存症、てんかん、高次脳機能障害であり、1級、2級、3級の等級があります。
　近年では"大人の発達障害"が注目されるようになりました。注意欠陥・多動性障害（ADHD）や自閉スペクトラム症・アスペルガー症候群（ASD）など、診断されなければ「変わり者」「落ち着きがない」「不器

用で〇〇だけが非常に苦手」である印象しかなく、理解やサポートの有無も認識されません。

　身体及び知的障害に対するネガティブなイメージはもちろん、精神障害など一見するとわからない障害も「やる気がない」「能力がない」と無理解のために社員活躍への妨げとなります。
　偏見をなくすには、何よりも「知ること」「理解すること」が重要です。

障害者雇用の実態

　日本における障害をもつ人の数は1035万人ほどで、内閣府の「障害者白書」（2019年）によれば、単純計算で見ればその数字は国民の7.6％にあたると言います。つまり、13人に1人が何らかの障害をもっていることになり、意外に大きな比率であることに驚く方もいるでしょう。

　日本では、障害をもつ人が計約83万人働いています。
　1960年に「身体障害者雇用促進法」が制定されて以来、障害者雇用数は増加し続けています。現在は、障害者雇用に取り組む意義と企業が守るべき義務が促進法によって定められています。
　障害者をどのくらいの割合で雇う必要があるかの基準を指し示す法定雇用率は、2021年には民間企業で2.3％まで引き上げられる予定です。

就労支援の状況

　一方で、障害をもつ人の全てが企業などに勤めているわけではありません。
　障害をもつ人が就労するにあたって、その支援には複数の段階に分かれた構造があります。

第 1 段階は、仕事のスキルを身につけるための「就労移行支援事業」。スキルを学ぶ学校のため雇用契約がなく、賃金が出ません。

第 2 段階は、簡易な作業や社会的な生活リズムをつくる「就労継続支援 B 型事業」。これも雇用契約はなく、工賃が支払われます。その平均は、厚生労働省の調べで、2018年度は月 1 万 6 千円ほどです。

第 3 段階として、生産活動や一般就労への移行を目指す「就労継続支援 A 型事業」。雇用契約が結ばれ、平均賃金はおよそ月 7 万 6 千円ほど。

第 4 段階は、2018年 4 月より開始された「就労定着支援事業」。企業などに就職した人への支援になります。

この就労支援を受けることなく、自宅で家業手伝いや内職をしている障害者数の実態は把握されていません。そのため、雇用者候補の数は想定されるよりも大きく、障害をもつ人の雇用者数は今後さらに右肩上がりになると考えられます。

企業で働く障害をもつ人たち

企業での障害者雇用の現状を見てみましょう。

民間企業における雇用障害者数は約56万人。実際の雇用率は2.1%程度に留まっており、法定雇用率2.2%に足りていません。法定雇用率を達成している企業の割合は48%と、半分の企業は未達成となっています。

未達の企業には、未達人数 1 人あたり 5 万円の罰金がありますが、「うちは、"働けない人"を雇う余裕なんかない」という偏見に基づく本音や、「うちでは専門的な対応をとれないから難しい」というのが、罰金を払う経営者たちと企業の実情です。

しかし、障害者の就労支援や、実際に働いている障害をもつ社員の相

談・支援先となる窓口を設ければこの問題は解決されます。

　社内で直接的に支援する窓口となるのは「社内相談窓口」「産業医」です。社外の公的組織としての窓口ならば「障害者就業・生活支援センター」「公共職業安定所」があり、またそうした組織から派遣される人たちも支援先となります。地域障害者職業センターが派遣する「ジョブコーチ」や「主治医」などです。

　専門知識をもつ人たちのサポートがあれば、障害にかかわりなく働ける業務内容やプロセスも明瞭となり、企業と社員をつなぐことができます。

　就労定着支援事業によって、企業に就職した障害をもつ人たちへの支援もあります。

　知らないことにあぐらをかいて罰金を支払い続ける。それは、組織の全体利益の最大化を図るマネジメントがやるべきことではありません。

　適材適所で社員に働いてもらうことで、成果を上げる社員たちのONE TEAMをつくる。そのためには、未知への恐れと傲慢さを捨て、知らないことは学んでいけばよいのです。

「障害」は個人ではなく、
社会の側にあるもの

　障害者数は年々、増加傾向にあります（図3-4　（年齢階層別）障がい者数の推移／次頁参照）。

　障害は、「身体障害」「知的障害」「精神障害」と３つに分類されますが、違いはさまざまです。

　先天性（生まれた時からあるもの）のイメージが強いですが、後天的なものも多くあります。

　例えば、身体障害の場合ならば、交通事故などの結果や内臓疾患や難病によるものも含まれます。身体障害を有するため周囲のサポートや理解の必要性を示すシンボルマークにも、車椅子の他、「ヘルプマーク」や「ハート・プラスマーク」「オストメイト」「聴覚障害者標識」「ほじょ犬」など、複数あるのはそのためです。

　また、事故や病気以外にも、高齢になれば怪我をするリスクは高まります。階段でつまずいて骨折することも多く、それ以降は車椅子で生活を送ることになれば身体障害者となります。

　つまり、私たちは誰でも、身体障害者になる可能性を等しくもっているのです。

　知的障害は、先天性疾患や出産時のアクシデントなどによる病理型、正確な理由がわからない生理型があります。また、発育期に過酷な環境下にあったことで知的障害に至るケースも稀にあります。

図3-4 （年齢階層別）障害者数の推移

（1）身体

年齢階層別障害者数の推移（身体障害児・者（在宅））

（2）知的

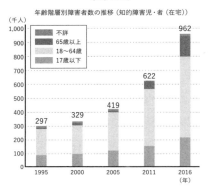

年齢階層別障害者数の推移（知的障害児・者（在宅））

（3）精神

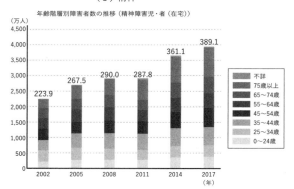

年齢階層別障害者数の推移（精神障害児・者（在宅））

出典：令和元年版「障害者白書」内閣府

　そのほとんどは、18歳未満に生じる先天的なものです。

　一方で公的には「知的障害」としてカウントされない認知症などの認知障害による知的機能の低下は、後天的に起こり得るものですから他人事ではありません。

図３-４を見ると、年齢階層にばらつきのある（１）身体障害（２）知的障害に比べ、（３）精神障害はどの年代でも等しく起こり得るものだと言えます。

　統合失調症は100人に１人弱がかかるといわれ、一般的な病気だと言えます。アルコールや薬物、ギャンブルへの依存症もまた精神障害のひとつです。さらに、交通事故や脳血管などの病気によって認知や行動レベルで障害につながる「見えない障害」もあります。

障害は、社会がつくり出している

　学校生活ではなかったレッテルが、社会人になった途端に貼られる。
　病人や怪我人が皆「障害者」と呼ばれるわけではないように、「障害」は“病気”や“怪我”とイコールではありません。
　バリアフリー化により車椅子に乗ったままで全てのものに触れられる、移動に不自由のない建物や街だったら。外に出なくてもベッドで仕事や勉強、遊ぶこともできる社会だったら。歩行が困難な人でも、他の人とさして変わらない暮らし方や働き方で“困難さ”はなくなるでしょう。
　それを難しくしているのは、歩行者基準で１箇所に集まる社会です。「障害は、個人と社会との間にあるものだ」と近年では考えられるようになっています。
　個人と社会のミスマッチによる障害は、社会が変質すれば解消することができるのです。

　一方、社会が変質すれば、新たなミスマッチによる障害も生じます。
　そのミスマッチは「生きづらさ」として見えない障害となっています。公平さを実現できるビジネスの場だからこそ、テレワークなどの環境の変化、支援先との協力によって、医学的な差異も乗り越え、企業が障害をつくりだすことを防げることもあるのです。

障害をもつ部下ともたない上司、そのギャップは？

　障害をもつ部下と障害をもたない上司との間では、どのようなギャップや変化が生じているのでしょうか？

障害をもつ部下に上司が感じる問題点と変化

　障害をもつ部下に対して上司が感じている問題点やマネジメントの変化は以下のとおりです。

（1）バラツキの大きさ

　①自分中心の考え方を強くもつ社員がいる（過保護になりすぎて自立できないケース）

　②守られ、支援されることが当然と考えている社員もいる

　③頑張りすぎて無理をして、体調を崩してしまう社員も多い

　④社会経験が少なく、ビジネスマナーやルールなど基本的なことを知らない社員がいる

　⑤ある特定スキルや集中力、持続力に優れている社員がいて驚く

　⑥五感が鋭い。特定の匂いや光、音や振動に敏感に反応する

（2）組織文化・周囲へのプラスの影響

　⑦これまでの当たり前の働き方や労働環境、業務内容を見直すきっかけとなった。目的に対する柔軟な手段を考える癖がついた

⑧情報共有が活発になった。コミュニケーションの質量が向上した

⑨失敗を許容する文化になり全体成果で考える習慣がついた。結果を待てるようになった

⑩まじめな仕事ぶりや気遣い、あいさつなどが他の社員によい影響を与えた

⑪組織のメンバーが優しくなった

⑫他人に興味をもち「助け合う文化」になった

（3）自身のマネジメントへのプラスの影響

⑬部下の「できること」「できないこと」を明確に分けて部下管理するようになった

⑭できることや強み中心の業務付与を行うことで、自身の個別対応スキルが高まった

⑮人が成長することを実感し、部下の成長が自分のやりがいになる

⑯状況変化や急な変更に弱い人がいるので、個別対応の重要性がわかった

⑰障害の内容も程度も人それぞれ。成長の速度もまちまちである。ラベルで判断しない

⑱偏見はもたず、過保護にもしないことが重要であると思う。障害の有無よりも個人差のほうが大きいと実感した

それでは以上の問題についての対応について考えてみましょう。

◇バラツキが大きいことについて

障害もさまざまのため、育ち方も異なります。

障害をもつ子どもへの親の教育方針も異なるので、親が過保護なあまりに自立心がなく社会性が低いケースもあれば、過度に厳しいしつけで常に緊張状態で自分に厳しすぎるケースもあります。

また、障害の影響で所属するコミュニティが少なく、家にひきこもりがちだったり、両親や教員といった守る立場の大人としか接してこなかった人もいます。ビジネスマナーやルールの基本的なことを知らない社員もいます。一方で、集中力や持続力が非常に優れている、あるいは特定のスキルが並外れているといった社員もいます。

　短所も長所もさまざまです。だからこそ、その社員の傾向を知って個別対応することが重要になります。

◇組織文化・周囲へのプラスの影響

　障害をもつ社員に会社で活躍してもらうためには、その社員が働けるように環境を見直すことになります。勤務時間や形態といった働き方、オフィス環境や在宅ワークなどの労働環境、障害にかかわらず成果を出せる業務内容などを変えれば、障害の有無は成果の要因にはなりません。

　そうした変化を通じて、目的に対して手段を柔軟に考えて変更できる組織風土ができます。働き方改革のあるべき姿です。

　さらに、失敗を許容する文化になり、全体成果で考える癖がつき、結果を待てるようになったという意見もあります。

　どの企業でも耳にするのが、他者へのよい影響です。障害をもつ社員のまじめな仕事ぶりや気遣い、あいさつなどを目にし、他の社員たちの態度も柔軟で素直なものになり、メンバーたちが優しくなります。そして、他人に興味をもち「助け合う文化」が形成されます。

　障害をもつ社員を通じ、職場全体の情報共有とコミュニケーションも活発になります。

◇自身のマネジメントへのプラスの影響

　部下の「できること」「できないこと」を明確に分けたマネジメントを行うようになります。

　すると、強みを中心に業務を考えるようになり、他の社員たちへの個

別対応のスキルも格段に上がります。ドラッカーが言った「人は強みによって何かをなす」「弱みを無意味にする」ことの本当の意味を体感します。

また、部下が成長する瞬間に立ち会うことができます。そのことで「人は一生成長し続ける」ことを体感することができます。部下に対する見方やマネジメントの持論が大きく変わる管理者も多いのです。

部下の成長だけでなく、管理職も自身の成長を実感し、仕事へのやりがいが増します。結局、マネジメントは、障害の有無より個人差に対応するものだという気づきが得られるのです。

障害をもつ部下が職場で感じている問題：
差別体験＆自己実現の場に

障害をもつ部下は、どのように感じているのでしょうか？

ネガティブな意見とポジティブな意見が混在しています。以下のとおりです。

（1）個としての尊重がない（差別体験）

①「支援する相手」としてではなく、「1人の人間」として見てほしい。接してほしい

②赤ちゃんのように扱ったり、腫物を触るようにするのはやめてほしい

③どのように接するのか不安があるなら、ぜひ私自身に聞いてほしい

④何かの仕事をする前から、勝手に「無理だ」と決めつけないでほしい

⑤仕事が単調すぎる

⑥とりあえず何もせず、「座っていてくれればよい」「どうせ数合わせ」と考えている

⑦何もしていないのに「給与がもらえるだけ有難い」と思ってほしいと考えているらしい

⑧病院に行く回数が多いので仕事の能率が悪いと言われた

⑨極端に世話を焼こうとするか、極端に無視して見ないようにしてくる

⑩同僚と手話で話していたら、店長から「客から見えない裏でやるように」と言われた

（２）仕事のやりがいなど自己実現や自己成長の場になっている

⑪自分が指導した後輩が成果を上げ、成長した姿を見ると、自分のことのように嬉しくなる

⑫難しかったこと、できなかったことができるようになった時はとても嬉しい

⑬体を動かすことが好きなので、この仕事は楽しい

⑭私は感情のコントロールが苦手なので、仕事中はなるべく穏やかになるようにしている

⑮お客様／利用者さんから「ありがとう」と言われることがやりがい

⑯自分が仕事を続けることが、学校の後輩のためになる

⑰人の役に立ちたい。社会に貢献したい。早く自活できるようになりたい

⑱もっとできることを増やして、さらに成長したい

⑲仕事の経験を通じて成功体験を積み、少しずつ自信になっている

⑳働く目標ができた。ポジティブな考え方をするようになった

上司や職場環境によって差が出てしまう現実

　残念ながら、障害者に対する偏見から差別的な対応や言動をとっている上司は少なくありません。障害をもっていても、ひとりの成人であり立派な社員です。接する態度や言葉遣いにおいて他の社員と区別することは、たとえ思いやりからのものでも差別になります。

　また、通院によって「仕事の能率が悪くなる」といった考え方そのものがハラスメントになります。そもそも、全体業務の流れやマネジメントのスタンスに問題がある表れですから、見直すべきは管理業務そのものでしょう。

　もし、自分の子どもが職場で「お前には無理」「どうせ数合わせだから何もしなくていい」などと言われ、無視され、腫れ物のように扱われていたら、誰でも悲しく憤りを感じるでしょう。

　わからないこと、業務を行ううえで必要な配慮は、本人に尋ねるのが基本です。管理職は、保護者でも支援者でもなく、あくまでも"上司"。チームの仲間、一社員として公平に接することのみを心がけるべきでしょう。

　一方で、信頼できる上司を得た社員は、職場が自己実現の場となっています。
　家庭や学校では"できない"を前提に扱われてきたなかで、職場で成果を出せると、純粋に嬉しく、自信をもてるようになるでしょう。また、その様子に、指導してくれた先輩や上司が自分のことのように喜んでくれることは、かけがえのない体験になるはずです。

障害の有無にかかわらず、仕事の完遂、自己成長、顧客からの感謝、社会貢献の実感は、仕事のやりがいだけでなく自己肯定につながります。
　残念ながら障害をもつ社員の多くは、学校や家庭、街中で無理解な態度や差別的な体験を多く受け、その度に“できない”ことを心に植えつけられます。
　しかし、できることは成果として評価され、その社員の強みを認識してもらえれば、やりがいと向上心をもった優秀な人材として活躍できるのです。

障害をもつ社員を活かす マネジメント

　障害をもつ社員に活躍してもらうために、マネジメントで意識したいのが次の5つのポイントです。

（1）何よりも基本は「個別対応」

　障害の内容はもちろん、個人としての素質や傾向は人それぞれ。まずは本人の話を聞き、本人を見て、客観的な事実に基づいて「できること」「できないこと」を判断しましょう。また、日々の変化が大きいことも特徴のひとつです。その日、その人ごとに対応を分けていく柔軟性が管理者には求められます。成長速度も人それぞれですから、個人に寄り添った部下マネジメントを心がけましょう。

（2）意識・考え方・体調面へのマネジメント

　社員の意識・考え方に障害の有無は関係ありません。他の社員と同様に「成長したい」「誰かの役に立ちたい」の気持ちに働きかける。「守られる側」から「守る側」へ意識転換をさせることで、"社員"としての意識を芽生えさせましょう。

　また、頑張りすぎる傾向があったり、環境的要因から体調を崩しやすい傾向があったりする社員に対しては、体調管理も求められます。

（3）スキル面でのマネジメント

　機会を得られなかったのですから、社会経験が少なく、マナーなどの

基礎がないのは当然。さまざまなビジネス経験を積めば、おのずと備わります。その社員の得意な仕事、スキルや能力を見極め、業務を配分し、強みを最大限に活用しましょう。

　一方、苦手なものには、仕事内容だけでなく、対人関係を含む状況、温度や湿度・気圧といった天候、臭い・音・光といった環境も含まれるので、そういった細かな点も把握できれば、ネガティブな要因を排除することができます。

（4）組織風土の改革

　組織の利益を最大化するという目的を見失わず、その手段である働き方は柔軟に捉えるべきです。障害をもつ社員が働ける環境は、全員にとって働きやすい職場です。

　自分の強みを知っている社員は他の社員をサポートできます。「助け合う」文化は、情報共有をはじめ、他の社員が働きやすくなる工夫が自然と社員側からもされるような組織風土をつくってくれます。

　また、失敗が許される雰囲気になれば、挑戦も増え、イノベーションが起こりやすい企業にもなるでしょう。

（5）「できないこと」の原因を見極める

　できることは強みですが、「できないこと」が必ずしも弱みのままというわけではありません。

　例えば、「集中を要する仕事が難しい」統合失調症の社員がいるとします。

　症状の段階や治療法によってその困難さの度合いは異なりますが、療養生活から復帰したばかりの場合は単純に疲れやすいことが原因だったりします。障害そのものよりも、状況や慣れが原因ですから短時間勤務やテレワークにし、期日に成果を出すことで働き方の自由度を高めれば改善することができます。

「できないこと」の原因が障害なのか、それともそれ以外なのか。それを見分けることで「できること」の可能性を守ることができます。それは、成果はもちろん、社員自身の成長につながります。本人の自信にもつながりますし、マネジメントにもプラスになります。

部下の成長は上司の成長でもあるのです。

発達障害をもつ部下

　近年、「大人の発達障害」が注目されています。

　その背景には、障害の特性が幅広く、医療機関によっても診断が異なるなどの曖昧さがあること、無自覚のまま学生時代を過ごし就労して初めて"違和感"や"生きづらさ"として認識されることがあります。

　1990年代から子どもの発達障害への関心は高まっていましたが、2000年代から大人の発達障害が注目されるようになりました。

　学生時代はむしろ成績優秀だったのに社会人になった途端、職場で対人関係のトラブルが起きたり、業務をうまく進められなかったりする。社内評価も悪化し、生きづらさを抱える問題になっています。

発達障害とは？

　発達障害者支援法における発達障害の定義は次のとおりです。

　「自閉症、アスペルガー症候群その他の広汎性発達障害、学習障害、注意欠陥・多動性障害その他これに類する脳機能の障害であってその症状が通常低年齢において発現するもの」

　しかし、先ほどお話ししたように医療機関によって診断が異なるなどグレーゾーンが多いという特徴があります。本人が無自覚で問題点を感

じない一方、そばにいる人が違和感を覚える、協働の困難さを覚えるケースもあります。

たとえば、アスペルガー症候群の人は"空気を読む"コミュニケーションを苦手としますが、その他に発達上の違いはなく、優れた経営者や医師、研究者も多くいます。だからこそ、余計に障害があるとは考えられにくいのです。

無自覚である場合、職場ではOJTの指導役や新人の育成役、管理者といった立場の人たちが、自身の育成スキル不足や努力不足として悩み、疲弊してしまい、うつ状態になるケースも少なくありません。

発達障害だとわかれば、それに応じた対応をとれば解決されます。そのため、本人が自身を客観的に理解しているかどうかが、とても重要になります。

職場での具体的な行動例

ここでは、実際に管理職の方々からの体験談から、発達障害をもつ人から受ける印象を紹介します。

一見すると「仕事ができない」「神経質で扱いづらい」と感じ、障害の有無を知らなければ、発達障害をもつ社員はネガティブな評価を受けてしまうか、あるいは上司が指導や関係性の難しさに悩んでしまうでしょう。

次のような傾向が見られるならば、「できること」「できないこと」を判断しやすくマネジメントがしやすくなります。

（1）要領が悪く、不器用さが目立つ
①短期記憶が難しいため、電話の会話を聞きながらメモをとるなど、
　　2つ以上の作業を同時に行うことが苦手
②突然、別の作業を思い出して始める

③仕事を始める際の段取りや優先順位がつけられない、なかなか着手
　できずに先送りしてしまう

④忘れ物やミスが多く集中力がない、整理整頓、対人関係、突然の変
　化が苦手、など

（２）考え方や意思決定が極端（０か100に偏りやすい）

⑤気が緩んでいると厳しく叱責された経験から、「職場では一切、気
　を抜いてはいけない」と考える

⑥失敗したことを極端に怖がる

⑦周りに笑われたことで会社に来なくなる

⑧場の状況や変化に応じた臨機応変の対応がとれない

（３）曖昧な指示が受け取れない

⑨「あれ」「それ」が何を指しているかわからない

⑩「適当に」「適切に」などの加減がわからない

⑪「うまくやっておいて」と言われると困惑する、ストレスを感じる

⑫「時間のある時に」「切りのいいところで」が判断できず、行動が
　止まる、など

（４）気持ちや暗黙のルールなど（目に見えない物）を
　　　察することができない

⑬文脈にそぐわない言動をとって"空気"が読めない

⑭配慮や気遣いがわからない

⑮悪気なく相手の気持ちを害することを言う

⑯非常識に思える発言をする

（５）双方向の関係や会話が難しく、一方的な話し方や表現をする

⑰前後の脈絡なく突然に熱弁をふるう

⑱自説を曲げずに正しいと思ったことを一方的に話し続ける

⑲思い込みが激しい

⑳会話の間がとれない、など

（6）感覚過敏で音や光、匂いや触感に敏感で、
　　不快や痛みを感じる

㉑電車の音が怖くて電車に乗れない、周囲の話し声が気になる

㉒他の人が怒られている声を聴くだけでも意識してしまって動けない

㉓柔軟剤や香水など特定の匂いで体調が悪くなる

㉔仕事で着用義務のあるもの（手袋など）の質感に生理的嫌悪をもつ

　ダイバーシティ・マネジメントは、個々の強みを活かすことで成果を最大化するものです。一人ひとりの社員が活躍できるよう、個別対応することがマネジメントだとも言えます。障害の有無もそのひとつに過ぎません。ジョブコーチや主治医など、第三者の支援も上手に借りて障害をもつ社員も活躍できる職場になれば、他の社員や管理職も成長でき、企業の組織風土に新しい風をもたらすでしょう。

　障害をもつ社員も外国人社員も、日本企業の中ではわずか２％弱のマイノリティですが、その２％に配慮し、尊重し助け合う98％のマジョリティがいる組織こそが、本当に強い組織ではないでしょうか。２％が働きやすい組織は全員が働きやすく、全員が活躍できる組織です。そのような組織のあり方に変えていきたいものです。

IV章

多様な生活様式を活かすマネジメント

──育児、介護、傷病治療、学習との両立

　II章で女性社員、LGBTQ+社員、若手社員、シニア社員、III章では外国人社員、障害をもつ社員について言及してきました。本章では仕事と生活を両立しながら奮闘する社員を「両立社員」と定義し、話を展開していきます。ワークライフバランスが叫ばれる今、「育児」「介護」「傷病治療」「学習」と仕事を両立する社員について考えていきます。

仕事と生活の「両立」とは

　仕事をもつどんな人にも私生活があります。

　働くかたわらで高齢や病気の家族の介護をする社員や、子育てをする社員もいれば、自身が病気を抱えながら働く社員、スキルアップのために働きながら資格や学位をとるために教育機関に通う社員もいます。

　しかし、会社の理解や支援なくしては、どちらも両立させることは困難です。

　仕事（work）と生活（life）の両立（balance）については、3つの考え方があります。

（1）ワークライフバランス（WLB：Work Life Balance）

「仕事と生活の調和・調整」という考え方です。内閣府によれば「国民一人ひとりがやりがいや充実感を感じながら働き、仕事上の責任を果たすとともに、家庭や地域生活などにおいても、子育て期、中高年期といった人生の各段階に応じて多様な生き方が選択・実現できる社会」と定義されています。

（2）ワークライフインテグレーション（WLI：Work Life Integration）

　仕事と生活は相互に作用し合うもので、互いに人生を充実させるものとして「インテグレーション（統合）」させようという考え方です。

（3）目的と手段

　成果を上げることが仕事の目的であり、その目的を達成するには生活の充実が手段として必要だとする考え方です。

　仕事か生活かを選ぶような働き方や人生では、どちらかが犠牲になります。どちらもバランスをとるという姿勢ではやや消極的に映ります。

　仕事と生活は二項対立する概念ではなく、互いが相互作用するものであり、相乗効果をもたらす概念であると考えるほうが、より生産的です。
　さらに、この2つの概念は、ライフを重視する若い社員のマネジメントにとっては、目的と手段の関係でもあると言えます。なぜなら若い社員は、ライフが充実したほうが、仕事のやる気も上がるからです。その意味において、成果を上げるためにライフの充実を約束することは、合理的なマネジメントなのです。

　ダイバーシティの分野において、とくに、両立社員のマネジメントにおいて、目的と手段は逆転しがちです。目的は成果を上げることです。それが管理職の役割だからです。その手段として、部下のライフに関心をもち、ライフを充実させてあげるようなマネジメントを行うことが望まれます。

両立社員の現状

　総務省の「就業構造基本調査」、厚生労働省の「治療と職業生活の両立支援についての取り組み」、文部科学省「社会人の学び直しに関する現状等について」、以上の3つの調査結果を合算すると、仕事と育児や介護、傷病治療、学習との両立で働く人は全就業者の48％で、約2人に1人は何らかのかたちで家庭やプライベートの事情を抱えながら仕事を両立させています（図4-1　仕事と両立する就業者数）。

　全就業者のうち、約13％が育児、約30％が自身の傷病治療をしながら、約5％が介護しながら働いています。高等教育機関で学び直しを行っている社会人はわずか0.17％となっています。
　男女共同参画や少子高齢化、そしてコロナ禍で浸透したテレワークにより、両立社員は今後ますます増えていき、やがては一般的な働き方になっていくでしょう。

図4-1　仕事と両立する就業者数

（万人）

	両立者数	合計
仕事と育児	881	3,245
仕事と介護	346	
仕事と傷病治療	2,007	
仕事と学習	11	

全就業者計	6,700

両立社員のマネジメントは、3つのポイントを押さえる

　さまざまな事情をもつ両立社員に対するマネジメントでは、次の３点が共通して重要となります。

（１）"フェア"なワークとライフの"ケア"

　仕事の充実と生活の充実。その相互作用を生み出すためには、仕事で成果を達成できるように、そして心配なく生活を送れるようにサポートすることが大切です。

　生産性とは、短時間で高い成果を出すこと。だからこそ「事情があるから成果を出せないのは仕方ない」と不公平に成果を出す機会を奪うのではなく、"いかに生産性を高めるか"を公平に考えるのが管理職のやるべきことです。

　そのためには、フェアな「①目的・成果」「②業務配分」「③業務内容」「④評価」「⑤効率化」を管理し、社員が成果を出せるようにしましょう。

〈"フェア"なワーク〉
　①目的・成果：目的を明示し、成果を規定する
　②業務配分：資格やグレードに応じた配分にする
　③業務内容：業務とプロセスを"見える化"する
　④評価：時間ではなく成果を評価する
　⑤効率化：短時間で成果を上げるように効率化する

成果を出すためには勤務時間は仕事に専念できる状況であるべきです。そのためには、社員が生活と仕事の調整について上司に相談しやすいことが望ましいでしょう。

　そこで、普段から「①関係性」「②情報」「③背景理解」「④両立支援」「⑤長期的視野」を意識したケアをすることで、社員が安心して生活と仕事を両立できるようにしましょう。

〈ライフの"ケア"〉
　①関係性：日常の関係性構築に注力する
　②情報：プライベート情報を早めに収集する
　③背景理解：置かれた事情や背景を理解する
　④両立支援：両立できる前提で方法論を議論する
　⑤長期的視野：現状ではなく、将来起点で考えさせる

　管理職も含め、誰もが両立社員になる可能性はあります。だからこそ、仕事を"見える化"して引き継ぎ可能な状態にしておくこと、短時間で成果を上げられる効率化の具体策を設けることは、組織全体にとっても不可欠なものです。

（2）すぐに対応でき、社員も安心する"準備力"
　たとえば、出産や育児などは事前に「いつ頃、休暇が必要か」「いつまで勤務時間の短縮が必要か」「子どもが〇歳になれば勤務時間を戻せる」などを知ることができます。始まりや終わりを予測しておけば、その時期を早めに職場で周知することで相互支援の体制を築くことで対策をとれます。

　一方、同じようには予測できない病気や介護も、いかに早く対応でき

るかによって両立社員やチーム全体の成果への影響は変わります。とくに介護や傷病治療は終わりを予測できませんから、長期化を前提に対応しましょう。

　子どもが熱を出したり、ヘルパーさんが来られなかったりといった問題は、社員自身ではコントロールできません。傷病治療や学習も病院や学校側が決めることですから、コントロールが難しいこともあることを理解しましょう。
　また、社員にかかる負担は、どの両立でも日々変わります。日常的なコミュニケーションは必須と考え、業務配分のためにも状況を聞けるようにしましょう（図4-2　両立社員を把握するための予測表）。

図4-2　両立社員を把握するための予測表

		育児	介護	傷病治療	学習
①	準備	準備時間あり	なし：突然	なし：突然	準備時間あり
②	始まり	予測可能	予測不可	予測不可	予測可能
③	終わり	予測可能	予測不可	予測不可	予測可能
④	対象	子ども （体が小さい）	親 （体が大きい）	自分	自分
⑤	負担	徐々に減少	徐々に増加	予測不可	コントロール 可能
⑥	イメージ	ポジティブ （おめでた）	ネガティブ	ネガティブ	ポジティブ （頑張り屋）
⑦	人事・上司	言いやすい	言いにくい	傷病内容・ 程度による	学習内容や 状況による
⑧	ロールモデル	見つけやすい	見つけにくい	見つけにくい	見つけにくい

両立社員が働き続けるためには、上司や周囲の社員の協力は不可欠です。「他人に負担をかけてしまう」「負担をかけた社員に申し訳ない」と社員が助けを求めづらくなってしまっては、生活と仕事の調整ができず負担は増すばかりで、望むように成果を出せないでしょう。しっかりと信頼関係を築くことが重要です。

　両立のロールモデルがいれば、社員の安心材料にもなります。まだ職場に両立社員がいないとしても、事前にロールモデルを用意しておけば、組織側もすぐに対応できますし、"助け合う"という組織文化を築くことができます。

（3）信頼関係を築くための "聞き方"

　両立社員の生活に関する情報は、プライベートな情報です。

　あくまでも "仕事への影響" を測るという目的を忘れずに話を聞くようにしましょう。

　そのポイントは次の４点です。

①プライベート情報を聞く目的を明確に伝える
　例：「３年間続くプロジェクトのメンバーを検討するにあたって、Aさんを推薦しようかと思っているんだが、プライベートのことで何か気になることはあるかな？」

②根ほり葉ほり聞かない
　例：「いろいろと教えてくれてありがとう。Aさんのようなケースだと、早めに周囲のメンバーに相談して協力を得ることで、十分に両立して仕事を継続しているので安心してください」

③答えない選択肢も与える

　例：「Aさんの将来のキャリアを考えるにあたって、プライベートな
　　　ことで私が知っておくべきことがあったら教えておいてくれるか
　　　な？　言いたくないことは言わなくてもいいからね」

④日常のコミュニケーションを充実し、信頼関係を構築しておく

　両立社員の多くが今後への不安や悩みを抱えています。だからこそ、
普段からなんでも話せるような信頼関係を構築しておくことが何よりも
大切です。管理者が身近な存在でいなくては、このようなプライベート
情報は手に入りません。

4

育児との両立社員の現状

　昭和の時代では、男性が働きに出て女性が専業主婦として家のことをする家庭が一般的でした。しかし「図4-3　育児との両立社員　女性社員の状況」を見ると、1997年（平成9年）頃から共働き世帯が増えて逆転しているのがわかります。

図4-3　育児との両立社員　女性社員の状況

（1）共働きが標準

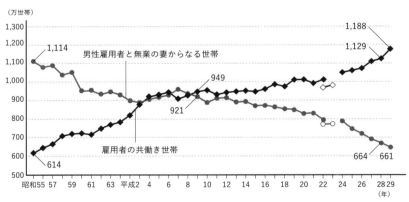

1．昭和55年から平成13年までは総務庁「労働力調査特別調査」（各年2月。ただし、昭和55から57年は各年3月）。
　　平成14年以降は総務省「労働力調査（詳細集計）」より作成。「労働力調査特別調査」と「労働力調査（詳細集計）」とでは、調査方法、調査月等が相違することから、時系列比較には注意を要する。
2．「男性雇用者と無業の妻からなる世帯」とは、夫が非農林業雇用者で、妻が非就業者（非労働力人口及び完全失業者）の世帯。
3．「雇用者の共働き世帯」とは、夫婦共に非農林業雇用者（非正規の職員・従業員を含む）の世帯。
4．平成22年及び23年の値（白抜き表示）は、岩手県、宮城県及び福島県を除く全国の結果。

出典：「男女共同参画白書」内閣府 平成30年版

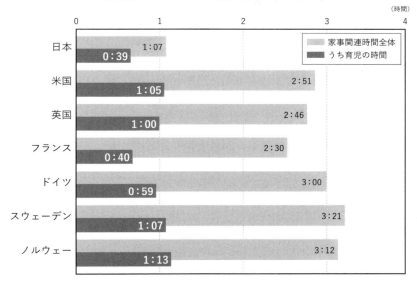

（2）家事・育児の負担は女性

6歳未満児のいる夫の家事・育児関連時間（1日当たり）

（時間）

- 日本　1:07／0:39
- 米国　2:51／1:05
- 英国　2:46／1:00
- フランス　2:30／0:40
- ドイツ　3:00／0:59
- スウェーデン　3:21／1:07
- ノルウェー　3:12／1:13

家事関連時間全体
うち育児の時間

出典：「男女共同参画白書」内閣府 平成25年版

　それでは、共働きになったぶんだけ家事・育児の負担も夫婦で等しくなったのでしょうか？　男性の家事・育児に費やす時間を見ると、日本の夫は欧米諸国の1/3程度の時間しか費やしておらず、共働きであっても、女性側に家事・育児の負担が偏っていることがわかります。

　そうした実情から、生活面の負担が女性のキャリア形成に与える影響は大きいものと言えます。結婚や妊娠、出産育児といったライフイベントは、その段階に至る以前から懸念要素となり「将来のキャリアの方向性なんて考えられない」という思いでキャリアイメージを描けない傾向も、女性社員は男性社員よりも高いです。

育児との両立を希望する男性社員と現実の乖離

　近年では、男性社員も育児休業を取得して子どもの成長を見守り一緒に過ごせるような風向きになってきているようです。日本生産性本部による「新入社員の意識調査」(2017) によれば、男性新入社員の約8割が育休取得を希望していることがわかります。

　それでは、現実にはどれほどの男性社員が実際に育休を取得しているのでしょうか？　残念ながら、厚生労働省の「男性育児休業取得促進研修資料」(2019) のデータによると、育児休業取得率のほとんどは女性社員で、男性社員による取得率はわずか5％に留まっています。希望と現実が大きく乖離している状況です。

　希望する男性社員が多くいること、男性も育児に積極的に関わることは生活と仕事の両方が充実するだけでなく、女性への負担も軽減し、社員全体にとってもプラスにつながります。
　コロナ禍であらためて家庭内の性役割が顕在化したり、育児との両立で充実感が増したりもしたことでしょう。今後は、男性社員による育休取得率も高まることが考えられます。

育児との両立社員のマネジメント

　実際に結婚・出産・育児を経験した女性社員の多くは、育児との両立や日々の業務に追われ、キャリアの見方が近視眼的になりがちです。そのため、子どもが親離れした後の自身のキャリアやその時間の長さに気づかないケースも少なくありません。

　人生の充実感は、「（仕事＋生活）の足し算」ではなく「（仕事＋生活）の平均値」で測られる傾向があります。しかし、パートナーや周囲の協力もなく育児の負担を１人で抱えてしまっている状況では、「生活と仕事の相互作用で両方が充実する」という理想とは真逆に、生活と仕事「両方とも十分できていない」状態になってしまいます。

活躍を促進するための言葉をかける

　そのため、育児との両立社員とのキャリア面談では、まずは活躍を促進するための働きかけを行う必要があります。
　キャリア面談での声かけでは、次の３点を意識することが大事です。

①両立の大変さに配慮しつつも、期待を明確に伝える
「両立しながら大変だと思うが、私はＡさんに期待しているよ」
②上司としての要望は言い方に気をつけながら伝える
「お客様からの信頼も厚く、仕事が丁寧なＢさんには、これまでと同様

の仕事をお願いしたいんだ。仕事と育児の両立で何か障害になっていることや困っていることがあったら、教えてくれるかな？」

③同時に、育児との両立中の部下自身の想いを確認する

「両立で困っていることなど、あるかな？」

「ゆくゆくは管理職を目指せる実力がCさんにはあると思っている。両立で今は大変だろうが、お子さんが小学校にあがった後、どんな風に働きたいと思っているかな？」

　こうした言葉をかけることにより、生活に追われて忘れてしまいがちな仕事のやりがいやキャリアを社員自身も感じられるようになります。出してほしい成果を伝えつつも、その妨げとなっているものを確認することも大切です。

　育児や家事と並行しながらでも成果を出せる働き方を、話を聞きながら一緒に考えましょう。

育児支援制度があることを公平に伝える

　たいていの場合、男性による育休取得率が低い環境は、勤務時間外の仕事が多かったり、柔軟な働き方を求めることが言いづらかったりする職場です。そのため、生活の負担が大きく仕事面を諦める女性社員に対し、生活面を諦める男性社員がほとんどだったと言えます。

　男性社員が仕事だけでなく育児の面でも充実できるようにサポートするには、女性社員と同様に理解や気遣いを示すのと同時に、さまざまな育児支援制度があることを伝えることも大切です。

　育児支援制度の周知は職場における育児両立への理解にもつながります。理解があればサポートにもつながり、何よりも「あなたが早く帰宅するせいで迷惑している」といったハラスメント行為も未然に防ぐことができます。

さまざまな育児支援制度の利用を、部下と一緒に考える

　育児支援制度には、次のようなものがあります。

（1）産前・産後休暇制度（※労働基準法では女性のみ）
　産前休業６週間、産後休業８週間の計14週間の休業を請求すれば取得できます。

（2）育児休業制度
　子どもが１歳になるまでの間、希望する期間の休業を男女ともに取得できます（※取得条件あり）。最大６カ月の延長も可能です。

（3）育児時間制度（※労働基準法では女性のみ）
　子どもが１歳になるまでの間、通常の休憩時間の他、１日30分の休憩を２回、育児に伴う時間を請求できます。
　授乳や母体のための制度のため、女性のみが対象となっていますが、始業／終業時間の変更として利用することもできるため、生活と仕事の両立を支援できます。

（4）育児のためのフレックスタイム制
　子どもが小学校に就学するまでの間、育児のためのフレックスタイム制を企業に申請すれば男女ともに適用されます。

（5）看護休暇制度
　子どもが小学校に就学するまでの間、病気や怪我をした子どもの看護、予防接種や健康診断を受けさせるための休みを１年に５日（子どもが２人以上の場合は10日）まで取得できます。

（6）時間外労働の免除など

　子どもが小学校に就学するまでの間、１カ月に24時間、１年に150時間を超える時間外労働を企業は男女ともにさせることはできません。

　こうした育児支援制度を利用する際、休業期間を最大限まで取得することや、短時間勤務を最長で続けることが「部下にとってよいことだ」と、つい考えがちです。しかし、個々人に応じて保育所や家族などバックアップの体制は異なりますし、仕事から長時間離れることで孤独や不安を抱える社員もいます。

　そのため、当事者である本人にとって必要な支援、そして組織として提供可能な支援、その両方の最適なバランスを、部下と一緒に考えていくようにしましょう。

　　①本人の将来のキャリア目標
　　②職場の状況
　　③家庭の状況

　上記３点を考え合わせ、最適な期間を取得してもらうことが支援だけでなく、部下の成長をもたらします。

　ワークライフバランスが叫ばれて久しいですが、未だに育児についての理解が進まないのは、育児＝女性という観念が根づいている偏見からくるのかもしれません。
　組織には、社員の個々の事情やキャリアプランを見据えることが求められます。

介護との両立社員の現状

　近年は高齢化が進み、日本人の平均寿命が年々伸びています。

　しかし、必ずしも長生き（平均寿命）と健康状態（健康寿命）は一致しません。健康寿命とは「心身ともに自立し、健康的に生活できる期間」のことを指し、日常生活に制限のない期間と言えます。「健康寿命」と「平均寿命」を比較すると、そのギャップは男性平均で9.13年、女性平均で12.68年と言われています（厚生労働省「平成22年度完全生命表」）。

　つまり、介護が必要な状態が平均して10年前後続くのです。

　内閣府「令和元年版高齢社会白書」によれば、65歳以上の人がいる世帯数は全世帯の47.2％と、およそ半分にあたります。高齢化に伴い、介護の必要な人は増えるため、当然ながら介護する人も一緒に増えます。

　"少子高齢多死社会"とも言える現代社会では、介護と仕事の両立は急務の重要課題となっています。

　「図4-4　仕事と介護の両立に関する調査／次頁参照」は、その年齢と役職を調べたものです。

　これを見ると、その6割が40〜50歳代で、働き盛りの世代であることがわかります。

　組織の中の役職別の円グラフを見ると、4分の1の人たちは課長クラス以上の役職にあり、重職を担っています。

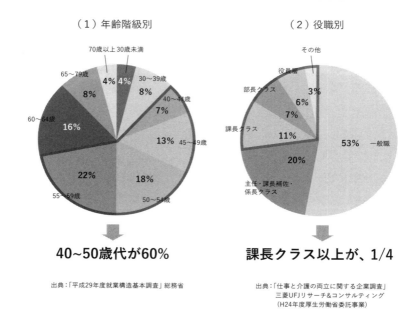

図 4 - 4　仕事と介護の両立に関する調査

（1）年齢階級別

70歳以上 30歳未満
4%　4%
65～79歳
8%
30～39歳
8%
40～44歳
7%
45～49歳
13%
60～64歳
16%
50～54歳
18%
55～59歳
22%

→ **40～50歳代が60%**

出典：「平成29年度就業構造基本調査」総務省

（2）役職別

その他
役員層
3%
部長クラス
6%
課長クラス
7%
11%
主任・課長補佐・
係長クラス
20%
一般職
53%

→ **課長クラス以上が、1/4**

出典：「仕事と介護の両立に関する企業調査」
三菱UFJリサーチ＆コンサルティング
（H24年度厚生労働省委託事業）

　組織の視点から見れば、介護との両立が困難で離職せざるを得ない状況は組織に大きな損失を与えています。

精神的・肉体的・経済的負担がのしかかる介護

　また、離職は社員自身にとってもデメリットが大きいものです。「図4-5　仕事と介護の両立に関する負担感の変化」は、介護との両立が難しく離職した人たちの精神面・肉体面・経済面の負担の変化を示しています。仕事がなくなれば負担は減るように思えますが、実際には半分以上の人がどの負担も増えたと回答し、中でも経済的な負担は7割

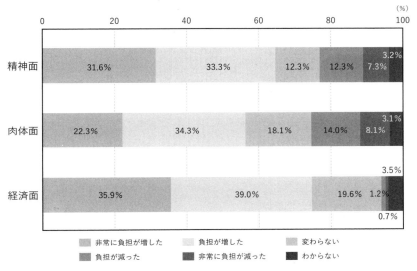

図4-5　仕事と介護の両立に関する負担感の変化

精神面　31.6%　33.3%　12.3%　12.3%　7.3%　3.2%

肉体面　22.3%　34.3%　18.1%　14.0%　8.1%　3.1%

経済面　35.9%　39.0%　19.6%　1.2%　3.5%　0.7%

■ 非常に負担が増した　□ 負担が増した　□ 変わらない
■ 負担が減った　■ 非常に負担が減った　■ わからない

出典：「仕事と介護の両立に関する労働者アンケート調査」厚生労働省委託調査　三菱UFJリサーチ&コンサルティング

以上の人が増えたと感じています。

　介護にかかる年数の平均は4年7カ月。月々にかかる平均費用は7.8万円で年に少なくとも93.6万円がかかる計算になります。

　しかし、長くなれば10年以上、月15万円以上を費用負担しているケースも少なくありません。そのため、長く続くことを前提に介護に臨む必要があります。

　個人の視点から見ても、介護を理由に離職することは避けるべきでしょう。

介護との両立社員のマネジメント

　介護との両立ができることを前提に、部下としっかりと話をしましょう。

　状況を把握するには、介護している人のことはもちろん、介護を受けている人についても話を聞けることが一番です。必要な支援を行うのと同時に、長く続くことを前提に、部下の能力に応じた仕事をしてもらうことを考えていきます。

　声をかける際には、次の3点を意識して言葉を選ぶようにしましょう。

①話をするきっかけをつくる、制度を周知する
「私の親ももう80歳なので、いつ介護が始まるかが心配なんだよね。皆も介護のことで何かあったらいつでも話をしてね」
「次の社内広報誌では介護関連制度について書かれています。月末にはセミナーを行うので、関心のある方はぜひ参加してください」

②両立の大変さに理解と労いを示し、相談しやすい姿勢を示す
「（残業できないという報告に）わかりました。介護と仕事の両立は大変だと思いますが、継続して仕事ができるようサポートしていきますね」
「Bさんの頑張っている姿に、親御さんも喜んでいらっしゃるでしょう。Bさんの姿を見て、他の社員たちも将来も安心して働けるんだと感じているみたいです」

③必要な支援を聞く、伝える

「困ったことがあったら相談してくれればいいからね」

「行政サービスがあるから〇〇を確認してみたらいいよ」

　育児と異なって、親やパートナーの介護の話は職場ではしづらく、周囲も気づきにくいです。把握するためには、部下が話しやすい雰囲気づくりや、介護休業などの支援制度を周知するとよいでしょう。

　誰もが介護される側にも介護する側にもなります。だからこそ、当事者となっている両立社員はもちろん、職場の社員たちも介護と仕事は両立できると認識できるような職場と働き方にしていくことが大切です。

「7．介護との両立社員の現状」におけるデータで見たように、介護をする層の多くは組織の中で中核人材です。そのことを踏まえると、「生産性」や「成果」にも直結するマネジメントになります。見えづらいことだけに、注視していく問題でもあるでしょう。

介護関連制度

　育児支援制度と同様に、国は介護と仕事の両立を支援するための制度を設けています。

　両立支援を受ける権利があるとわかれば、当事者である両立社員も安心して上司に相談できるようになります。

（1）介護休暇

　申請すれば、介護が必要な日に仕事を休める制度です。対象家族が1人ならば年に5日まで（2人以上ならば年に10日まで）、1日単位で休暇を取得できます。

（2）介護休業

　介護が必要な対象家族1人につき、通算して93日まで（3回まで分割可能）、介護休業できます。

（3）介護のための所定労働時間短縮等の措置

　希望すれば短時間勤務などで働けます。

（4）時間外労働の制限

　残業を制限する制度です。企業側は、介護との両立社員が残業を制限することを求めた場合、所定労働時間を超えて労働させてはならないと法律で定められています。

（5）時間外労働時間の制限

　残業時間に一定の制限を設ける制度です。企業側は、介護との両立社員に対し、１カ月で24時間、１年で150時間を超える時間外労働をさせてはならないと法律で定められています。

（6）深夜業の制限

　介護との両立社員が求めた場合、企業側は、両立社員を22時から５時までは働かせてはいけないと法律で定められています。

　また、介護を必要とする家族がいる場合、引越しや長期で家を離れることはできませんから、転勤への配慮も必要となります。
　厚生労働省は、仕事と介護の両立支援プランのマニュアルを企業向けに出しています。面談シートやプランのロールモデルとして参考にするとよいでしょう。

傷病治療との両立社員の現状

　厚生労働省が2013年に発表した「治療と職業生活の両立支援についての取り組み」によれば、傷病治療と仕事を両立して働いている人の数は約2,007万人で、全労働人口の約3人に1人が傷病を抱えながら働いています。

　また、同年に企業を対象に行われたアンケート調査によれば、傷病を理由として1カ月以上連続して休業している従業員がいる企業の割合は、メンタルヘルス38％、がん21％、脳血管疾患12％となっています。

　当然ながら、傷病治療と仕事の両立への配慮や支援が企業には求められます。

がん治療との両立社員

「日本人の半数が生涯に1度はかかる」ともいわれるがんですが、かかる人口を年代別に見ると約3割が就労世代に発症しており、高齢になるほど、患者数は増えています。女性は30～40歳代で、男性は50歳代以降でかかる比率が高くなっています。

　患者自身にとってもショックの大きい病気である一方で、医療も日々進歩しています。入院期間は短くなり、通院で治療するケースも増えています。そのため、がん治療中でも日常生活を送れる人も増え、仕事への早期復帰や治療と仕事との両立が可能になってきています。

図4-6　がん治療との両立社員

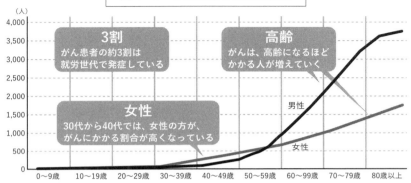

(人)

4,000
3,500
3,000
2,500
2,000
1,500
1,000
500
0

3割
がん患者の約3割は
就労世代で発症している

高齢
がんは、高齢になるほど
かかる人が増えていく

女性
30代から40代では、女性の方が、
がんにかかる割合が高くなっている

男性

女性

0〜9歳　10〜19歳　20〜29歳　30〜39歳　40〜49歳　50〜59歳　60〜99歳　70〜79歳　80歳以上

がんの支援で心がける7カ条

本人の気持ちに寄り添い話し合う

| 第1条 社員の気持ちに 寄り添う | 第2条 本人の意向を確認し、 話し合う |

正確な情報を基に行動する

| 第3条 がんのイメージに 振り回されない | 第4条 状況の変化に柔軟に 対応する | 第5条 個別性を考慮する |

周囲との関係への配慮

| 第6条 個人情報の取り扱いに 気をつける | 第7条 周囲の社員への配慮も 忘れない |

出典:「がんになっても安心して働ける職場づくりガイドブック」国立がん研究センター

　そのため、本人の気持ちに寄り添いながら、その社員の状況を正確に
知り、対応していく必要があります。

不妊治療との両立社員

不妊治療の現状は、

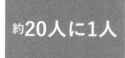

5.5組に1組

日本では、実際に不妊の検査や治療を受けたことがある（または現在受けている）夫婦は、全体で**18.2%**、子どものいない夫婦では**28.2%**です。

（国立社会保障・人口問題研究所「2015年社会保障・人口問題基本調査」による）
出典：厚生労働省　リーフレット「仕事と不妊治療の両立支援のために」

「不妊を心配したことがある（または現在心配している）夫婦の割合は、35.0%。子どものいない夫婦ではこの割合は55.2%にのぼります。実際に不妊の検査や治療を受けたことがある（または現在受けている）夫婦は全体で18.2%、子どものいない夫婦では28.2%」となっており、多くの夫婦が不妊に悩んでいることがわかります。その原因の可能性は、男女比率「1：1」であり、子どもを望む夫婦にとって大きな問題となっています。

また、体外受精などの生殖補助医療の現状は、

約20人に1人

2015年に日本では51,001人が生殖補助医療（体外受精、顕微授精、凍結胚（卵）を用いた治療）により誕生しており、全出生児（1,008,000人）の**5.1%**に当たります。

（生殖補助医療による出生児数：日本産科婦人科学会「ARTデータブック（2015年）」、
全出生児数：厚生労働省「平成27年（2015）人口動態統計の年間推計」による）
出典：厚生労働省　リーフレット「仕事と不妊治療の両立支援のために」

日本産科婦人科学会によると、体外受精によって国内で2015年に5万1001人の子どもが生まれたとの調査結果があり、20人に1人（5.1%）が体外受精などで生まれた計算になります。

不妊治療はステップアップ治療となり、タイミング法→排卵誘発→人工授精→体外受精→顕微授精とより高度な医療に進んでいきますが、人工授精以降は自由診療であり、その費用は個人負担です。自由診療なので費用はさまざまですが、体外受精や顕微授精では数十万円にも及ぶと言われています。

　高額の治療費を支払っても妊娠の成功確率は、個人や年齢によって大きく異なるため、「いつ終わるのか」を明らかにすることは困難です。
　そのため、精神的、肉体的、経済的負担は甚大であり、不妊治療に悩む社員への配慮が求められます。

企業側の義務・責任も伴う社員のメンタルヘルス

　精神障害の労災請求件数・認定件数も年々増えています。
　社会情勢や雇用情勢の変化によって、企業や社員もストレスにさらされることになります。そして、社員の心身の健康に対し、企業側には義務と責任が伴います。

　業務を進めるうえで伴う疲労やストレスが過剰な状態では、社員の心身の健康は損なわれてしまうため、そうならないように注意する義務があるのです。
　そのためには、職場環境や勤務形態、職場組織が適切に機能しているかを把握する必要があります。そのうえで個々の社員に対する適切な評価の見直しなどを適宜図ることも大切です。

　詳細は専門書に譲ることとしますが、成果にこだわるダイバーシティ・マネジメントの個別対応は、成果にこだわるからこそ、社員の一人ひとりの不調の"サイン"に気づき、問題を除外・解決する契機ともな

ります。

　社員が心身ともに健康で日々成果を出し、充実した人生を送るために
も、企業側は労災を生まないリスクマネジメントを行う義務があるので
す。

傷病治療への支援のポイント

　傷病治療中の社員によってさまざまな事情があり、治療のプロセスも異なります。

　そのため、個々に対応する必要がありますが、厚生労働省の「事業所における治療と仕事の両立支援のためのガイドライン」によれば、支援するにあたって共通して留意したい点が8つあります。

（1）安全と健康の確保

　傷病の増悪・再発・労働災害が生じないように、適切な就業上の措置や配慮を行うこと。

（2）労働者本人による取組

　傷病を抱える両立社員自身が、治療や傷病の増悪防止について適切に取り組むこと。

（3）労働者本人の申出

　両立支援の基本は、両立社員自身による支援を求める申出をきっかけに取り組むこと。

（4）治療と仕事の両立支援の特徴を踏まえた対応

　両立社員自身の健康状態や業務遂行能力を踏まえた就業上の措置を取ること。

（5）個別事例の特性に応じた配慮

　症状や治療方針は、個人により大きく異なるため、個人に応じた配慮を行うこと。

（6）対象者、対応方法の明確化

　職場のルールの制定を行うこと。両立支援の対象者・対応方法の明確化を行うこと。

（7）個人情報の保護

　傷病に関する情報は個人情報であるため、適切な情報管理の整備を行うこと。

（8）両立支援にかかわる関係者間の連携の重要性

　両立支援にあたっては、両立社員以外にも、職場の関係者・医療機関・支援機関などの連携を行い、適切な両立支援を実施すること。

　誰しも自身の病気をおおっぴらに話すことは嫌なものです。本人の了承なく、職場で病気の話をしたり、よかれと思って勝手に支援手続きを行ったりしてはいけません。

　病気による苦痛だけでなく大きな不安を抱えている状態にいる社員に対し、業務の管理を行う立場から適切な配慮と支援を行いましょう。

傷病治療との両立社員への支援の進め方

　具体的には、下記のようなプロセスを通して支援が進められます。

（1）両立社員からの情報提供

　両立支援が必要と判断した両立社員自身が、決められたルールに基づいて書類を企業側に提出します。その際、主治医から以下の情報を得て添えます。

・症状・治療の状況

　（現在の症状／入院や通院の必要性とその期間／治療内容スケジュール／副作用の有無など）

・退院後／通院治療中の就業継続の可否に関する意見

・望ましい就業上の措置に関する意見

　（避けるべき作業／時間外労働の可否／出張の可否など）

・その他、配慮が必要なことがらに関する意見

　（通院時間の確保や休憩場所の確保など）

（2）主治医からの情報収集

　提出された書類の情報が両立支援を実施するうえで不十分な場合は、両立社員本人の同意を得たうえで主治医から情報を収集します。

（3）上記情報をもとに産業医と実施する配慮について相談

　（1）（2）の情報から実際に行う支援のあり方などを産業医と相談します。

（4）両立支援プランの策定

　下記の項目を盛り込んで両立支援プランを決めます。

・治療・投薬等の状況、今後の治療・通院の予定

・就業上の措置や配慮の具体的な内容と実施時期・期間

・フォローアップの方法とスケジュール

（5）プラン実施とフォローアップ、配慮内容の見直し

　（4）で決めたプランに基づいて実施します。治療経過や状況に応じて組織的な支援を行うようにしましょう。

（6）周囲の者への対応

　両立社員への支援によって負担がかかる職場の社員たちに情報を伝え、理解を得ます。

※入院が必要な場合は、休業期間中のフォロー／復職可否の判断／職場復帰支援プランの策定も行います。

傷病治療との両立社員のマネジメント

　傷病治療との両立社員への支援の他、仕事に関するマネジメントでも個々の社員の状況によって対応は異なります。そのため、傷病治療との両立社員へのマネジメントは、次の4点を意識しましょう。

（1）部下の気持ちに寄り添い話し合う

　何よりも、まずは部下としっかりコミュニケーションをとり、部下の気持ちに寄り添うことが大切です。

　「2013年がん体験者の悩みや負担等に関する実態調査」によれば、がん患者の離職理由の上位3つは次のとおりです。

　　・「仕事を続ける自信がなくなった」（37%）
　　・「会社や同僚、仕事関係の人々に迷惑をかけると思った」（29%）
　　・「治療や静養に必要な休みをとることが難しかった」（23%）

　いずれも職場でのコミュニケーションによってケアできるものでもあります。

　本人の意向を確認するとともに、両立できることをしっかりと伝えましょう。また、両立社員が治療に専念しながらも自信をもって働けるよう、周囲の社員たちへの傷病治療に関する伝え方についても、本人と一緒に話し合いながら決めるとよいでしょう。

（2）できないことが発生する業務内容に配慮する

　たとえば病気や症状の状態によっては、以前はできていたことや簡単に思える業務内容でもできないこともあります。そのことを理解したうえで、本人が自信を失わないで済むよう、できる業務内容で仕事をしてもらいましょう。

　また、眠くなることや体調の不調が表れる、また運転してはいけないといった、薬の副作用についても上司も一緒に確認し、理解するとともに配慮した業務内容を考えましょう。

（3）事実を把握し状況の変化に応じて対応する

　病気の状態や治療過程は、個々によって異なります。そのため、「がん患者ならこうだろう」「うつ病患者ならこうだろう」「同じ病気の〇〇さんはこうだったから一緒だろう」というイメージや偏見、憶測などは捨て、事実をきちんと把握し、その事実に基づいて状況や業務内容を判断しましょう。

　また、症状を含めた状況は絶えず変化するものです。適宜確認するなどして、その変化を把握する必要があります。

（4）周囲に協力や配慮を要請する

　両立社員本人の了解を得て、周囲の社員にも状況を伝え、協力を求めましょう。協力してくれる社員たちに対する感謝やねぎらいも忘れることなく、配慮を心がける必要があります。「周囲に迷惑をかけている」という気持ちは両立社員を追い込むことにもなるので、周囲の人たちも快く協力できるように管理職が働きかけ、マネジメントすることがカギになります。

　心身の健康を回復するためには、心身を守れる環境や不安のない日常生活を送れることだけでなく、これまでどおりに働けるという自信も大

きな力となってくれるはずです。

　だからこそ、日頃からすぐに相談してもらえるような話しやすい職場風土を築いておくことが大切です。

傷病治療両立社員のマネジメントの今後

　少子高齢化が進む日本社会は、傷病治療と仕事を両立する社員のマネジメントがより重要になってきます。

　また、今後は定年も延びていく傾向にあるので、さまざまな傷病を抱えながら仕事と治療を両立するシニア社員は増えていきます。

　その結果として前述したとおり、傷病治療をしている人々は全体の30％にあたります。その事実を踏まえると、ダイバーシティ・マネジメントにおいて、「仕事と治療の両立」は喫緊の課題です。

学習との両立社員の現状

　文科省によれば、2015年3月における高等教育機関で学び直しを行なっている社会人の人数は、11.1万人でした。

　その内訳は、専修学校の付帯事業としての専門教育を受け、自身の知識やスキルを高める人が約43％、大学院に進学して学習との両立を行なっている人が約16％でした。

　11.1万人という数字は、全労働者の1割にも満たない割合で、非常に少ない人たちが学習と仕事を両立しているのが日本の現状であることを指し示しています。

　高等教育機関に進学する25歳以上の入学者の割合を国際比較してみると、OECD（経済協力開発機構）加盟国は平均して34.6％いるのに対し、日本は21.0％と低い状態です。大学入学者のうち25歳以上の割合はOECD平均が18.1％に対し日本は1.9％であり、世界の中で「大人が学ばない国」といわれても仕方がありません（図4-7　高等教育機関への進学における25歳以上の入学者の割合（国際比較）／次頁参照）。

図4-7　高等教育機関への進学における25歳以上の入学者の割合（国際比較）

就業を目的とする高等教育機関への入学者のうち25歳以上の割合は、OECD各国平均約3.5割に達し、社会人学生も相当数含まれる一方、日本人の社会人学生比率は約21%と低い。

【非大学型高等教育機関】

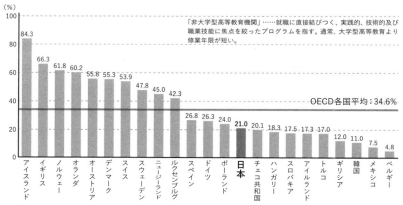

出典：出典：非大学型高等教育機関「OECD Stat Extracts（2012）」（日本の数値は「学校基本調査」及び文部科学省調べによる社会人入学生数（短期大学及び専修学校（専門課程）））

大学入学者のうち25歳以上の割合は、OECD各国平均約2割に達し、社会人学生も相当数含まれる一方、日本人の社会人学生比率は1.9%と低い。

【大学型高等教育機関】

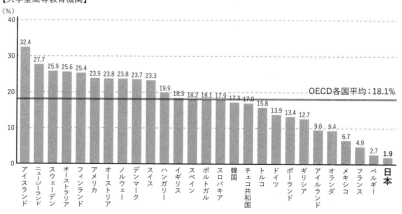

出典：大学型高等教育機関「OECD Stat Extracts（2012）」（日本の数値は「学校基本調査」と文部科学省調べによる社会人入学生数（4年制大学））

学習とのニーズの背景

　しかし、社会人の意識調査では約9割の人が再教育を受けたい、または興味があると回答しています。大学や大学院で勉強のし直しを求める背景には、次のような理由が考えられます。

　まず、理由として挙げられるのが技術革新や市場変化です。急速に技術が発展していくことで新たな知識やスキルが求められるようになりました。また、市場が変われば求められる能力や知識も変わります。

　次に考えられるのが、雇用流動化の加速です。終身雇用でひとつの会社に勤めあげる時代は終わり、自分のキャリアパスに合わせて学習する時代になってきています。

　そして、人生100年時代の始まりだからこそ、性別や年齢を問わず、若者から高齢者まで全員が活躍する社会へと変わりつつあるのです。

　環境や状況が大きく変化し、さまざまな場面でパラダイムシフトが起きている今、働く個人もそれに合わせた新たな強みが求められています。柔軟に変化していける人材は、過去の強みにこだわることがありません。そんな人材こそが、新たな状況で必要な知識やスキルを学習する能力を保有している"人財"となり得るのです。

　日本において「学習両立社員」が少ない理由のひとつは、社会制度の問題があります。いまや大学の入学費用は非常に高額で、大学生の約5割が奨学金を利用しているといわれています（「学生生活調査」日本学生支援機構　2016）。MBAなどの取得でいったん職場を辞める人々もいる中で、人材を離さない意味でも、さまざまな施策が望まれます。

誰もが学び続ける社会に

　そうした社会背景をもとに、今後は、学習と仕事の両立社員が増加していくと考えられます。政府も「学び続ける社会」として全世代が学習を通じて活躍できる理想社会を描いています。

　これまで人材に求められてきたものは"過去の最終学歴"でしたが、今後は変化し続ける社会に対応できるような、常に更新される"最新の学習履歴"がより重視されるようになるでしょう。

　学習との両立は、仕事経験を通じて学ぶことの必要性や重要性、そして有用性に気づき、学習の習得度が上がるというメリットがあります。そして、学習したことを職場や業務で活かせるため、キャリアの飛躍にもつながります。また、学習の場で得られた新たなネットワークはビジネスでも活かすことができます。

　また、企業側にも、社員が学習と仕事を両立することはメリットがあります。技術革新や市場や社会の変化に企業も対応が迫られる中、新たな状況に必要な知識やスキルを保有する人材が増えれば大きな力となります。

　自らキャリア形成のために必要な知識・スキルを習得する人材は、主体的に自己成長を図る高いモチベーションをもった人材です。そうした

自律的な人材は学習を終えた後も向上心を保ち、自主性をもって仕事の成果を高めてくれます。

　一方で、学習と仕事の両立は、学習に費やす時間や費用という負担がかかります。

　学習するメインの時間は、平日の夜や週末といった休日に費やすことになります。両立社員はいずれの負荷も抱えながら両方の成果を出すために励まねばなりませんから、企業側の理解と支援を必要としています。

　また、学習にかかる費用も負担になります。国や企業からの奨学金を利用できれば、軽減することはできます。

学習との両立社員のマネジメント

　両立社員が学習でも仕事でも成果を出せるようにするには、次の３点を意識したマネジメントでサポートしましょう。

（１）部下の成長意欲を尊重する

　まずは、何よりも部下の成長意欲を尊重しましょう。学習時間のために残業時間の短縮もあるかもしれませんが、学習したものは必ず社員自身のキャリアのステップアップになり、その後の成果にもつながります。

　部下のキャリア目標を確認し、学習との両立を承認したうえで社員が学習と仕事の両方で成長できるようにサポートしましょう。

（２）働き方を話し合う

　教育機関の社会人コースなどは平日の夜に行われることも多いため、学習のための退社時間や日程などを確認するようにしましょう。

　また、試験やレポート提出に追われることにもなるため、事前に学習スケジュールを把握して業務スケジュールを組めば、負担を軽減させるだけでなく、どちらにも専念して成果を出せるようになります。

　逆も然りで、繁忙期など仕事のスケジュールも一緒に確認するなど、仕事と学習をすり合わせる必要もあります。

（3）周囲に協力や配慮を要請する

　勤務時間の制限や負担軽減のため、業務の分散など周囲の社員からの協力も必要になります。そのため、本人の了解のもと、周囲にフォローをお願いし、フォローしてくれる社員のことも配慮しましょう。

　また、職場全体で両立社員を応援するのと同時に学習との両立のメリットを最大限に活かせるよう、両立社員が学んだ知識などを披露する場や機会も設けるとよいでしょう。プラスの影響を与え合うことで、学習と仕事の両立を経てより高い成果を出せる人材を増やす契機にもなります。とくにプロフェッショナル人材にとって最も関心があるのは、最先端で高度な情報と知識です。それらをメンバー同士が教え合い、互いに高めあう環境こそが望ましい職場であり、そこで活躍し続ける動機となるのです。

　学習による新たな知識・スキルの習得は、向上心や成長、さらに質の高い成果にもつながります。

　活性化した組織をつくるのは、活性化した個人の集まりです。

　学習との両立社員を応援しながら"学習する組織"をつくりましょう。

V章

時空間を超えるマネジメント

──テレワーク

　2020年は「テレワーク」元年といってもいいでしょう。それぞれが自宅で仕事をし、ビデオ会議システムを通じて、仕事をすることが当たり前になりました。このテレワークによって明らかになったことをこの章ではまとめ、新しい働き方についての議論の発端としたいと思っています。今後は、出社しないかたちの社員：テレワーク社員も一般化してくるものと予想されます。

1

テレワークとは

　コロナ禍による感染者数の拡大に伴い、多くの企業がテレワークを導入しました。このテレワークは社会現象にもなり、企業側はもちろん、管理職にとっても経験のない働き方であるために、テレワークの部下に不必要に不快な思いを与えたり、過度なストレスやプレッシャーを与えたりする「テレワークハラスメント（テレハラ）」という問題も浮上しています。

　同じオフィスで同じ時間働くスタイルの延長上と考えている方も少なくありませんが、総務省はテレワークを次のように説明しています。

「テレワークは、ICTを利用し、時間や場所を有効に活用できる柔軟な働き方である。子育て世代やシニア世代、障害のある方も含め、国民一人ひとりのライフステージや生活スタイルに合った柔軟な働き方を実現するものであり、働き方改革の切り札ともいえるものである。また地方にいながら都市部の仕事もでき地域活性化にも寄与するものである」
（「情報通信白書」総務省 令和元年版）

　このように白書から見ても、テレワークはまさにダイバーシティ時代にふさわしい働き方だと言えます。

テレワークとリモートワーク、その違いは？

　テレワークには、自宅で行う①在宅勤務（導入率29.9%）、②営業活動など外出先で業務を行うモバイルワーク（導入率56.4%）、③本来の勤務先以外のオフィスを使うサテライトオフィス（専用型・共用型、導入率12.1%）の３つのスタイルがあります。

　いずれも、離れた場所でICT（Information Communication Technology）を利用することで働くスタイルであることが共通しています。

　そもそも、テレワークの「テレ」とは、"tele＝離れた場所"という意味になります。同義の"remote＝遠隔"を意味するリモートワークも意味のうえでは大きな違いはありません。国や行政、大企業は「テレワーク」を、IT企業やベンチャー業は「リモートワーク」を使う傾向があるようです。

テレワークによる既存システムの変化

　それでは、テレワークによって何が変化したのでしょうか？　以下の８つの項目にまとめられるでしょう。

①生産性：テレワークによって「生産性が上がる人」と「下がる人」
　が混在する
②リスク：分散による情報セキュリティのリスクは上がり、ウイル
　スや天災・テロ被害などのリスクは下がる
③コスト：通信・電気・仕事部屋確保などの個人コストは上がり、
　オフィス家賃・定期代支給などの企業コストは下がる
④チームワーク：時間と空間を共有するだけで自然発生していたチ
　ームワークは下がるので補完する手段が必要

⑤コミュニケーション：オンライン・コミュニケーションにより情報伝達効率が下がるので補完する手段が必要
⑥評価：仕事の姿勢や態度、努力や頑張りなどのプロセス評価が下がり、成果など結果の評価に重点が置かれる
⑦ワークライフバランス：時間と場所の制約から解放され、通勤時間がなくなり、ワークライフバランスは向上する
⑧企業イメージ：テレワークの浸透度が「先進企業」「働きやすい企業」などの企業イメージを規定する

　個人の働き方から見れば、通勤時間から解放されるため、⑦ワークライフバランスは向上します。組織の中では、メンバー全員が同じ場所にいるからこそ自然発生していた⑤コミュニケーションや④チームワークの機会がありませんから、補完する手段が必要になります。①生産性に関して言えば、テレワークによって上がる人もいれば下がる人もいるというのが現状です。

　②リスクという面では、プロローグやⅠ章でもお話ししたように、テレワークによって感染症リスクの他、天災・人災のリスクは下がります。一方で情報の一括管理が難しく、個々のICT利用のあり方に依存するなど、情報セキュリティのリスクは上がります。③コスト面で見れば、テレワーク導入によってオフィス縮小も可能になり、企業コストは大幅に下がりますが、通信・電気・ワークスペースの確保など個人のコストは上がります。
　⑥評価の面では、これまで視認でプロセス評価していた評価システムが一変するため、高く評価される人が変わってきます。テレワークで成果が上がる人もいれば下がる人も、成果が上がる仕事もあれば下がる仕事もあるのが現状です。その意味で組織の成果が上がるかどうかはマネジメント次第と言えるでしょう。

テレワークが導入されている企業は“働きやすい”“先進的”という
⑧企業イメージの向上につながります。テレワークをしっかりと浸透で
きれば、優秀な人材が集まりやすく、従業員・顧客満足度が上がると言
えます。

テレワークしやすい業務

　現代は、インターネットを通じて一度も顔を合わせることもなく、業
務をアウトソーシングもできる時代です。
　テレワークがしやすい業務に共通しているのは、①場所の制約がない、
②時間の制約がない、③成果を規定できるという３点です。
　たとえば、営業職は外勤が多く数字で成果が問われるため、テレワー
クに適している業種です。個々人がパソコンに向かって行う業種である
事務職も、必要なICTとセキュリティが確保されていれば対応できます。
同様の理由からエンジニア職、制作工程がはっきりとしているデザイナ
ーやライターなどのクリエイティブ職などがテレワークに適していると
言われます。管理職も時間でなく成果で評価される特性上、テレワーク
に向いている業務と言えます。

　多くの方がコロナ禍でのビデオ会議の経験から、ICTの進化によって
場所と時間の制約から解放されたことを実感したかと思います。技術は
日々進化していますから、テレワークできる業務はますます増え続ける
でしょう。

テレワークの現状

　企業におけるテレワークの導入率は、2018年時点では2割に満たない状態でした。2020年4月に東京都が行った「テレワーク導入緊急調査」によれば、回答した企業の6割以上がコロナ禍によってテレワークを導入しています。急遽、やむを得ずにテレワークを導入した企業がその半分以上だと考えられます。

　一方、従業員規模別に見ると、企業規模が大きくなるほど導入率は高くなっています。

「うちは大企業じゃないからテレワークなんて無理」「やっぱり社員には会社に来てもらわないとダメでしょ」というバイアスで、テレワークの導入を検討してこなかった多くの企業も、コロナ禍で半ば強制的にテレワークを経験した結果、「思ったよりも支障がないじゃないか」と気づき、導入率は今後も右肩上がりに上がっていくものと考えられます。

テレワーク下で上司が部下に対して感じていること

　テレワークで上司が感じていること、その代表的意見を以下に挙げておきました。

（1）生産性・成果主義に関して

①部下の成果がよく見える。部下による仕事の質と量の違いが明確に
　わかる

②テレワークの方が組織成果は上がる／職場のほうが部下の仕事ぶり
　が見える

③成果管理に傾注するようになった。部下の業務内容やプロセスが明
　確になった

④部下から突然相談されたり途中で邪魔されたりしないので、自身の
　仕事に集中できる

（2）コミュニケーション・チームワークに関して

⑤部下が目前にいないので、すぐに話しかけられない。OJTが難しく
　なった

⑥部下とのコミュニケーションが減った。意思疎通の齟齬が生じやす
　くなった

⑦チームワークの構築が難しい。部下同士のコミュニケーションが難
　しい

⑧オンラインで会議や面接をすると疲れる。本音や感情がわかりづら
　い

（3）組織文化・システム上に関して

⑨朝の通勤、朝のルーチンや朝礼がないと、気合が入らない

⑩部下の表情や態度、雰囲気が見えないので、部下管理が難しい

⑪部下や他の管理者と雑談できないのでさびしい。社内情報が入りづ
　らい

⑫部下の健康管理が難しい

（4）社内の不平等感に関して

⑬自部署ではテレワークが難しい。テレワークできる他部署があり不平等になる

⑭社外文書や社内決済にハンコを押す必要があり、管理者だけ出社が要求される

⑮必要資料を見るためにどうしても出社する必要が出てくる

⑯部下特性や担当業務の違いにより、部下毎にテレワーク可否の判断が要求される

（5）テレワークへの不慣れ感に関して

⑰印刷した紙の資料を見たほうが、内容や全体像がわかりやすい

⑱部下の労働時間管理が難しい

⑲部下が分散しているので、仕事の情報セキュリティが不安になる

⑳ビデオ会議、チャットなどのオンライン・コミュニケーションが苦手

（1）で見られるようにテレワークを実施することで成果が可視化され、成果管理・生産性の向上を感じている上司もいる一方で、（3）に見られるように部下を目視で管理できない状況に不満を感じている上司もいます。

（5）テレワークへの不慣れからくる不安要素は、技術の進歩や向上によって時間の経過とともに改善が見られると考えられます。また、（2）や（4）など物理的な問題を抱える既存の組織のシステムやマネジメントも同様に、手段が変われば改善されます。

上司はテレワークへ移行したことによる変化に戸惑いを感じていることがわかります。「会社に行くのが仕事」という、これまでのマネジメント・スタイルから抜け出せるか否かが問題解決のカギとなるでしょう。

テレワーク下で部下が感じていること

　一方、テレワークで働いている社員が感じていることは以下のとおりです。

（1）生産性・成果主義に関して
　①働き方が自由になるぶん、成果やスキルがより求められる
　②テレワークのほうが生産性は上がる／職場の方が上司の目があるので集中できる
　③業務内容や業務プロセスがより明確になった。成果が見える化された
　④つい長時間労働になってしまう／通勤時間がなく満員電車から解放されて集中できる

（2）コミュニケーション・チームワークに関して
　⑤孤独感が高まった（ソロワーク）、上司や仲間が近くにいないので、すぐに相談できない
　⑥上司とのコミュニケーションが減る、後輩指導やＯＪＴの機会が減る
　⑦チームワークが難しく、雑談が減った。コミュニケーションの回数と時間が減った
　⑧オンラインで会議や面接をすると疲れる。タイムラグがどうしても慣れない

（3）自己管理に関して
　⑨通勤がないと日常のリズムが崩れ、公私のメリハリがなくなった
　⑩外出の機会が減り、身だしなみへの意識が希薄になった
　⑪自宅での食事が増え、食生活が変化した。日光を浴びる時間が減った

⑫座ってばかりいるので体のゆがみが生じやすい。運動不足になり健康維持が難しい

（4）組織文化・システムに関して

⑬部署や業務によってテレワークできるかどうかが決まり、不平等になっている

⑭ハンコ文化が根強く、社内決済の電子化が不十分（管理者だけが出社している）

⑮ペーパーレス化が進まず、データや資料が電子化されていないので出社の必要がある

⑯制度としてはあるものの、実際の利用については上司の判断に左右される

（5）テレワークの環境整備に関して

⑰プリンターがない。プリンターで印刷した紙の資料を見たい

⑱自宅での個室確保が難しい。自宅の電気代が増える

⑲通信環境が確保できない。セキュリティが不安

⑳テレビ会議、ビジネスチャット、オンラインストレージサービスなどのシステムが不十分

　（1）を見るとテレワークでより集中できるか否かは、社員によって異なりますが、通勤から解放され働き方が自由になるぶん、成果やスキルが明確に求められることを実感しています。そのため、出勤して働くよりも労働時間が長くなってしまう傾向もあります。また、（3）外出の機会が減ることで自己管理に難点を感じている社員も多くいます。

　上司と同様に、（2）コミュニケーション不足によりチームワークの難しさ、相談したり指導したりする機会の減少に悩んでいます。また、（4）紙媒体のやりとりや押印のために出社が必要であったり、上司の

判断によって出勤しなければならないといった、組織文化・システムがテレワークに移行できていないことによる負担もあります。

（5）自宅では仕事上で必要なものが不足していたり、電気代など自費での負担もかかったりなど、テレワークの環境も未整備な状態に戸惑っていることがわかります。

　準備のないままテレワークに放り込まれれば、移行期間に発生するトラブルや戸惑いはつきものです。問題点は環境を整備し、革新していけば解決されるでしょう。

　また、「テレハラ」のように、プライベート空間から仕事先とつながることで、私生活を覗き込むセクハラやパワハラも問題視されています。どんな場であっても組織の成果を最大化する目的を忘れず、公平公正なマネジメントを心がけましょう。

テレワークで部下へのマネジメントに求められる4つの要素

　環境が大きく変われば、働き方はもちろん、管理の仕方も変化するのは当然です。旧態然としたマネジメントと意識から脱却し、テレワークの部下を成果へと導けるマネジメントのポイントは、次の4点です。

（1）業務の成果

　1つめは、マネジメントの基本である「成果にこだわる」こと。すでに上司も部下も実感しているように、テレワークでは「頑張っているフリ」も「評価しているフリ」も通用せず、シンプルに成果が問われます。だからこそ、成果を最大化させるためのテレワークでの働き方を考えなければなりません。

生産性を向上させるには、成果を明確化したうえで業務内容を棚卸しして、成果への影響度の低い業務を減らし、影響度の高い業務を増やしていくことが大切です。

　とくにテレワークでは、「何が成果か」を規定することがより重要になります。そのうえで、テレワーク下で「できる業務」と「できない業務」に分けます。「できる業務」について、テレワークとオフィスワークでの実際の成果を比較したうえで、テレワークすべき業務を特定します。もちろん、社員によって成熟度や特性などは異なりますから、その結果は違います。そのため、社員個人による成果の比較も行い、誰がテレワークすべきかを特定することも必要です。テレワークすべき仕事と人を特定することで、成果の最大化が実現できます。

（2）オンライン・コミュニケーション

　2つめは、組織成立の3要素について"オンライン・コミュニケーション"において注意すべき点です。

①共通の目的：業務開始時に「目的」「目標」「ゴールイメージ」を共有し、終了時に成果を確認する

　これまではそれほど意識しなくても自然に共有化されてきた「仕事の目的や目標」を、テレワークでは業務開始時に意識的に伝達する必要、業務終了時には成果を確認する必要があります。また、常に目前に部下がいる状況では仕事の方向性を常に観察して修正する機会がありましたが、テレワークでは仕事の進捗が見えづらく、まったく違ったゴールに到達する懸念があります。ゴールイメージを共通化しておく必要もあります。

②協働意欲：「ビデオ会議」「成果発表会」「1 on 1」「評価/キャリア面接」を通じて協働意欲を喚起する

　テレワークはソロワークになりがちですから、意図的にオンラインツールを使って上司と部下がコミュニケーションをとる必要があります。

　また、他者の仕事内容を知る機会は減少します。成果発表会など、仲間の仕事内容と成果を知る機会の提供が必要です。相互刺激となって、切磋琢磨し合える関係性を構築してください。部下同士のコミュニケーションの機会を設け、チームワークの重要性を説く必要があります。

③伝達：チャットなどのツールを併用してローコンテクストで論理的に伝達する、オフ会を開催する

　最も大切なのは「本音や感情は誤解される」ことを常に意識すべき点です。対面では、表情や雰囲気、ボディジェスチャーといったさまざまな情報によって"冗談"や"忖度"が成立します。しかし、オンラインでは情報は制限されてしまいます。チャット機能や映像は記録として残るものです。書くにしても話すにしても、言葉には細心の注意を払うべきでしょう。

　明瞭に情報を伝えることと同時に、公平に部下とビデオ会議をすることも意識したい点です。事前に開始時間と終了時間を決め、記録しておけばマネジメントしやすいです。

　テレワークでは部下同士の交流が難しいため、「オフィスワークする日」や「全員参加のライブ会議」などのイベントを開催することは意義があります。また、「年に1度の全員参加のオフ会」を重視しているIT企業も増えています。

　電話や映像を介した1 on 1やビデオ会議で生じる代表的な問題点は以下のとおりです。

1．タイムラグが生じて違和感がある
2．音声が途切れたり、映像が固まったりする。間が空くとシステム不良かと不安になる
3．上半身だけの映像なので、態度や全身から発する雰囲気が見えない
4．画面の中の表情と、スピーカーを通じた音声からは、本音や感情がわかりづらい
5．ビデオ会議では全員が自分を向いており、自身も映し出されているので緊張する
6．ビデオ会議では録音が簡単にできるので、記録されるという不安が高まる

　この問題点は、1、2は「最新のICTの活用」により、3、4は「言葉を重視したローコンテクスト」により、5、6は「ビデオ会議への慣れ」によってそれぞれ解決できます。

（3）個別管理

　テレワーク下の部下を成功に導く3つめのポイントは、大部屋の"見る管理"から、個別の"聞く管理"へ移行すること。

　テレワークやオンラインでは、アプローチがなければ話をする機会も生まれませんし、様子を見て察することもできません。

　そのため、「勤務時間に本当に働いているのか疑わしい」「今、仕事してないんじゃないか？」などの不安や不信感から過剰に連絡してしまっては、かえって仕事の妨げとなりかねません。監視するために勤務時間中は映像機能をONにし続けることを部下に義務づけたり、昼夜問わず部下に連絡したりする「テレハラ」行為という問題も起きています。

　マイクロマネジメントをやめて、成果で評価するマネジメントに転換しましょう。

コミュニケーションの機会をつくりだすには、ビジネストークとは別に"雑談"の場を設けることです。たとえば、雑談のためだけのチャットならば映像や通話よりも気軽で、相談しやすい空気も生まれてきます。

（4）組織管理

4つめのポイントは、テレワークに適応した組織管理です。

まずは、テレワークができない理由や業務を抽出すること。成果を言葉にして規定できない業務があるのなら、それは成果の最大化に直結しない"やらなくてもいい仕事"です。排除してしまってよいでしょう。この世には、「別にやらなくてもよいけれど、やったほうがよい仕事」がたくさん存在します。これらを一度やめてみる勇気をもち、もし支障が出たらすぐに元に戻す臨機応変な姿勢が必要です。

そして、ICT活用は必須です。電子決済システムを導入すれば、ハンコ文化は終わります。オンラインストレージサービスを導入すれば、資料をどこでも見られるようになります。

テレワークできる業務内容と業務プロセスに変更していくことが、新たな文化創造につながります。

テレワーク社員を活かす
マネジメント

　成果で評価されるテレワークは、社員をハイパフォーマーへと成長させるチャンスでもあります。

　そのためには、「人が共同して成果を上げることを可能とし、強みを発揮させ、弱みを無意味にすることである」というドラッカーの言葉を忘れてはいけません。

　テレワークの社員が活躍できるかどうかは、"テレワーク"を前提とした個別管理がやはり重要になってくるのです。

部下をハイパフォーマーにする個別管理

　個々の成熟度や違いに伴い、社員それぞれの"強み"と"弱み"があります。

「生産性」を基準にマネジメントするには、「強みが発揮できる業務」「弱みの改善につながる仕事経験」を社員に付与し、管理職が社員と一緒に将来のキャリアデザインを描いていくことが、部下育成になるだけでなく組織全体の成果の最大化にもつながります。

　これまで求められる人材の理想は、対面という場で社内関係を円滑に結べるような社員でした。成果は属人的に語られ、仲間の業務やスキルを見よう見まねで学習し、職場での「仕事ぶり」で人材を評価してきました。

厳しい言葉で言えば、雰囲気重視のオフィスワークでは、不明瞭なマネジメントのもと、生産性の低い仕事に満足しやすかったのです。

　ハイパフォーマーの条件は、才能や人柄、勤務時間の超過などではありません。自身の最大の強みを活かして成果を上げること。だからこそ、本来ならば誰もがハイパフォーマーになれるのです。外国に暮らす社員も障害をもつ社員も、どのような属性や制約をもつ社員であっても、時間や場所に縛られないテレワークならば、自律性と生産性の高いハイパフォーマーとして活躍できます。
「個別管理は難しい、管理職の負担が大きい」と悩む方もいますが、成果にこだわるマネジメントはとてもシンプルです。勤務時間当たりの成果を最大化すること。ただ、それだけにこだわれば、ある属性に対するバイアスや主観的な感情から生じるトラブルもなく、公平なマネジメントにもつながります。

キャリアデザインを一緒に描く

　個別管理の象徴が、部下一人ひとりのキャリアデザインを一緒に考えるということです。3つのステップによって、部下と一緒に将来のキャリアデザインを話し合いましょう。

（1）業務内容・必要スキルの理解、モデルの共有
　テレワークができる業務内容を明確にし、必要スキルを理解します。同様の業務を行う社員がどのような知識やスキルをもっているのかなどの情報を提供することで、社員が仕事に困ることのないように、またキャリアイメージが掴めるようにしましょう。

（2）業務成果を測定、「意識・志向性」「スキル」「知識」の把握

　成果を高めていくためには、現状を知る必要があります。業務の成果を測定し、成果を上げる要素やその妨げになっている要素を分析して把握します。たとえば、本人のやりたくない仕事のために成果が伸びない、スキルや知識不足などの点が改善されれば、生産性はぐんと上がります。

（3）オンライン面談でのキャリアデザイン

　オンライン面談でキャリアデザインを話し合い、今後の夢や志向を社員から聞きながら目標を設定していきましょう。

　社員自身が自分の仕事やキャリアについて十分に理解することは、自律性を高めることにつながり、テレワークの業務成果も上がっていきます。今後、時間と空間に縛られない働き方で成果を上げる社員が増えれば、オフィス等のコストダウンと相まって飛躍的に成長する企業も多く出るでしょう。

　また、個人で仕事を請け負う能力の高いプレイヤーも増えれば、世界を股にかけたオンライン上の委託業務が増えるでしょう。

　労働者不足・生産性の低さといった日本が抱える問題もテレワークの定着によって解決に向かうかもしれません。働くことを諦めていた人たちも自信をもって働き、企業の価値が上がり、社会が豊かになる。そんなWin-Winを生み出せるか否かは、今までにない多様性を考慮したマネジメントにかかっています。

Ⅵ章

成果を創出するマネジメント

　ここまで、人の属性ごとにマネジメントのポイントを述べてきました。ただし、これらは本来、成果や業績に影響を与えません。性別や性的嗜好、年齢や国籍、両立や障害の有無ではなく、成果を創出することが、新しいダイバーシティ・マネジメントのあり方です。その意味において、無駄な仕事や成果に無相関な業務プロセスを排除しなければなりません。そのことで得られた時間を、成果に影響のある業務プロセスに投入することで、初めて成果は創出されます。

　また、Ⅳ章で取り上げた、年々増加傾向にある両立社員とは「時間限定の社員」であり、時間制約社員です。限られた時間でより高い成果を上げるためには、生産性を意識したマネジメントが求められます。

成果を創出するマネジメントのポイント①
生産性を意識する

　まずは生産性の定義をはっきりさせなくてはなりません。生産性は分数で表すと意味が鮮明になります。分母はインプットされた投入コストであり、分子はアウトプットされた産出量、つまり成果です。その意味において、生産性を上げる方法は2つしかありません。分母を最小化し、分子を最大化することです（図6-1　労働生産性）。

図6-1　労働生産性

〈生産性の数式〉

$$\text{生産性} = \frac{\text{産出（アウトプット）}}{\text{投入（インプット）}}$$

〈労働生産性（1時間当たり）〉

$$\text{労働生産性} = \frac{\text{生産量（付加価値額）}}{\text{労働者数} \times \text{労働時間}}$$

生産性の中でも、最近話題になっている「国別の１時間当たりの労働
生産性」は、分母にその国の労働者数×労働時間をとり、分子にその国
の生産量や付加価値をとります。

それでは日本の１時間当たりの労働生産性はどれくらいでしょうか。
それを他国と比較したデータが、「図6−2　労働生産性の国際比較 2019」
です。

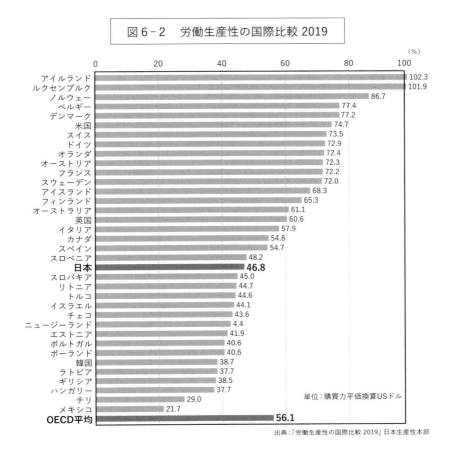

図6−2　労働生産性の国際比較 2019

国	値
アイルランド	102.3
ルクセンブルク	101.9
ノルウェー	86.7
ベルギー	77.4
デンマーク	77.2
米国	74.7
スイス	73.5
ドイツ	72.9
オランダ	72.4
オーストリア	72.3
フランス	72.2
スウェーデン	72.0
アイスランド	68.3
フィンランド	65.3
オーストラリア	61.1
英国	60.6
イタリア	57.9
カナダ	54.8
スペイン	54.7
スロベニア	48.2
日本	**46.8**
スロバキア	45.0
リトニア	44.7
トルコ	44.6
イスラエル	44.1
チェコ	43.6
ニュージーランド	4.4
エストニア	41.9
ポルトガル	40.6
ポーランド	40.6
韓国	38.7
ラトビア	37.7
ギリシア	38.5
ハンガリー	37.7
チリ	29.0
メキシコ	21.7
OECD平均	**56.1**

単位：購買力平価換算USドル

出典：「労働生産性の国際比較 2019」日本生産性本部

日本は21位で、アイルランドやルクセンブルクの半分以下の結果です。残念ながら、過去の調査結果によると日本はこの20年間、19位から21位のあいだを行ったり来たりしています。先進国の中で、圧倒的に1時間当たりの労働生産性が低い国なのです。

　生産性の低さを、日本は世界で一番長い労働時間により補ってきました。80年代後半から「24時間働けますか?」を謳い文句に、気合と根性と体力だけで他国と競争してきたのです。

「図6-3　一人当たり平均年間総実労働時間」は、世界の主要各国を国際比較した折れ線グラフです。1985年は年間約2100時間の労働時間で世界の中の圧倒的なトップでした。現在はアメリカ、イタリア、日本の順番であり、日本の労働時間は顕著に下がっています。
　これから望まれるのは長時間働くモーレツ社員ではなく、定時までの限定時間内にモーレツに集中して成果を創出する社員なのです。

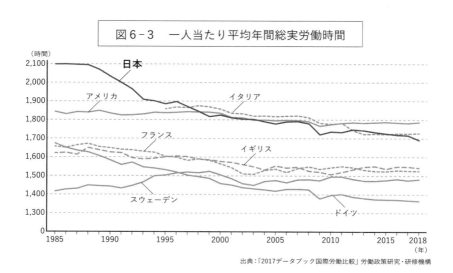

図6-3　一人当たり平均年間総実労働時間

出典:「2017データブック国際労働比較」労働政策研究・研修機構

2

成果を創出するマネジメントのポイント②
成果を評価する

　成果が同じで働き方の異なる３人の部下がいると仮定します。

　勤務時間を見ると、Ａさんは短時間（６時間）、Ｂさんは定時（８時間）、Ｃさんは残業（10時間）が多い社員です。

　勤務時間で"よく頑張っている"と評価するならＣさんが一番でしょう。しかし、生産性で見た場合、Ａさんは８/６で投入コストの1.3、Ｂさんは８/８で1.0、Ｃさんは８/10で投入コストの0.8しか成果を出していません。会社に最も利益をもたらしているのはＡさんで、Ｃさんは投入コストの割には成果を上げていない社員となります。

　３人の部下の属性が異なれば、この評価は覆されるでしょうか？

　たとえばＡさんは外国人で時短勤務、Ｂさんは日本人女性で定時帰宅、Ｃさんは日本人男性で残業にも飲みニケーションにも付き合う体育会系社員だとします。

　これまでの評価基準ではＣさんが一番優秀となるでしょう。しかし、成果で見ればＡさんがトップであることに変わりありません。

　では、働く場所や時間帯で変わりはあるでしょうか？

　Ａさんはテレワーク社員で、出社や勤務時間はとくに決まっておらず、お昼は子どもの散歩で公園に行っています。Ｂさんは定時に出社し定時で帰宅。Ｃさんは「出社が仕事！」の会社人間で朝も夜もオフィスにいます。

もう答えはおわかりでしょうが、成果を上げているのはＡさんでＣさんは生産性があまり高くない社員です。

　何時間働こうが、どこで働こうが、国籍や性的指向が何であれ、上がってくる成果に違いはないのです。生産性という観点から見れば、"一番ありがたい社員"はＡさんなのです。

成果を創出するマネジメントのポイント③
時間を限定する

　生産性を上げるには、何よりも分母である「働く時間を限定する」ことが必須になります。

　まずは定型業務と非定形業務に分け、定型業務は投入する時間を標準作業時間として決めてください。標準作業時間とは標準スキルをもつ人がその作業を終えるのに必要な時間です。それ以上に時間を要するということは何らかの問題があります。

　一方、非定形業務はやりだしたらキリがありません。まじめで職人気質な人であるほど、莫大な時間を投入してしまいます。これが過剰品質を引き起こします。どれほどの時間を投入するかを決めなくてはなりません。当然ながらその判断基準は、成果に与える影響度となります。

　時間を限定することで、5つの効果が表れ、企業に利益をもたらします。このことは、コロナ禍によってより鮮明になりました。

①ヒトの集中力
　仕事の終了時間が決まっていないとだらだらと取り組みがちですが、時間を限定して働くとヒトの集中力は高まります。働くだけの人生ではないので、仕事の後には家事や育児、介護など自身の生活に関する時間が待っています。両立するには仕事を時間内に終わらせることが必須のため、就業時間の直前で頑張りを発揮できるものです。

②成果への集中

　時間が限られているとわかれば、誰しも終わりを考えて「正しい引き算」で行動します。これまでよかれと思ってやっていた仕事も、これからはその全てを行うことはできません。成果に対して必要な業務だけをこなすのです。「NO残業DAY」という表面上の乱暴な引き算では、重要な業務もまとめて引き算されてしまい、成果は下がります。成果に集中することが重要です。

③業務改善

　限られた時間内で確実に成果を上げるには、業務内容とプロセスをゼロベースで見直し、Eliminate（廃止）、Combine（統合）、Rearrange（交換）、Simplify（簡素化）の観点から改善を図ることが求められます。場合によってはRPA（Robotic Process Automation）に仕事をシフトしていくことも検討しなければなりません。

④CI・ES・CSの向上

　残業が少ない組織、両立が可能な組織、ライフが充実できる組織は、CI（企業イメージ）が高まります。イメージのよい企業で働くことでES（従業員満足）が高まり、それがCS（顧客満足）を高め、結果として業績が上がりSS（株主満足）につながっていくことは、「Ⅰ章ダイバーシティ・マネジメントの今——ver.1からver.2へ」でお伝えしたことと同様です。

⑤イノベーション

　限りある時間や経営資源からいかに大きな成果を出すかは、どれだけ創意工夫と改善ができるかにかかっています。根性論や精神論で語られてきた仕事を一変させる新たなアイデアが求められるのです。それがイノベーションを喚起し、新たな商品やサービスの創造につながれば、企業にとって大きな利益となります。

4

成果を創出するマネジメントのポイント④
無駄な業務を排除する

　この世には無駄な業務がたくさんあります。成果ではなく人が仕事を
つくってきたからです。業務を1人の人が長く担当していると、属人的
な仕事の仕方になり、人に仕事がついている状態となりがちです。そう
なっていると「効率化」の施策を進めても、「自分の仕事のやり方」に
固執し、なかなか無駄な仕事をその人からはがせなくなります。

　そのようにして生まれた仕事の中で、必ず削減に着手してほしい業務
があります。

①会議

　未だに朝礼にこだわっている管理者がいます。ゼロベースで再考する
必要があるでしょう。日本の企業は会議が多く、時間も長すぎます。参
加者も多すぎて、一度も発言できない人がいることも多々あります。情
報提供や共有だけで全国から招集をかけることは、移動時間とコストの
ムダです。メールに添付した資料でシェアすることで代替できます。

　ただし、事業計画説明会などは例外的に招集してもよいでしょう。年
に一度の最も重要な会議だからです。

　また、会議を定例化したことで目的と手段が逆転し、会議を行うこと
に執着したり、資料づくりに奔走したりといった事態も多々起こります。
会議の定例化は慎重に考えましょう。会議の回数と時間を減らし、「い
つまでに、誰が、何をするかを決めるのが会議」と定義づけてください。
その3つが決まれば物事は動きます。

②各種の書類とシステム

　会議同様に、無駄な資料を減らすことも重要です。書類とシステムの数が多いと煩雑で効率が下がり、資料をつくること自体が目的化します。

　業務効率向上のためにシステムを導入したのに、その投入作業が日常業務を妨げることも多々起こっています。同じ内容を異なる書類として作成したり、提出する相手によって表現を変えたり、取り扱うソフトを使い分けたりしています。複数のデータベースに同じデータが存在していることも散見されます。

　たとえば資料を減らす即効性のある方法は、書類を入れるキャビネットを減らすことです。人はそこに入るだけの資料を保管するもので、入らない書類は破棄するからです。また、クラウド上に保存・共有する場合は、必要な書類やデータがどこに入っているかをすぐに見つけられる状態にしておき、データを編集できる権限を限定することです。

③メールの削減

　最近顕著にメールの数が増えてきており、とくに管理者にメールが集中しています。全てのメールのCCに管理者の名前が入れられるからです。ある組織の管理者の業務時間分析をすると、なんと３時間から４時間、つまり１日の業務時間の半分をメールの処理にあてているという事実が判明しました。

　管理者が残りの半日しか働けないのでは、生産性は上がりません。また、メールの文章が長すぎると、読むだけで多大な時間を要してしまいます。もっと簡素化する必要があるでしょう。メールの数を減らし、管理者は本来の業務に集中すべきです。

④移動時間

　営業社員は顧客訪問のために多大な時間を移動に費やしています。もちろん、１時間半から２時間をかけて訪問すれば、お客様からは感謝さ

れることも多いでしょう。しかし、移動している時間は全く価値を生み出さない時間です。コロナ禍でお客様をなかなか訪問できず、ビデオ会議システムを使って商談を行うケースが増えてきましたが、その場合の移動時間はゼロです。わずか数分のインターバルで、次々と別のお客様と商談することも可能です。それにより顧客接点の回数と時間が増え、売上が上がったという事例も増えてきました。社内会議のための移動も通勤時間も同様です。

　ぜひ一度、業務時間の分析を行って、移動に費やしている時間を定量的に明らかにしてみてください。その多さに驚愕し、削減の必要性が体感できるでしょう。

⑤過剰品質

　属人的な仕事の進め方をしている企業は人や社内規定、慣習が仕事をつくるため、一度始めた業務は、止めるのが難しいものです。100年前に一度だけ起こったトラブルやクレーム、インシデントに対する予防策を、いまだに行なっている組織もあります。10年に1度起こるかどうかといったレアケースに対応しすぎて日常業務に支障が及ぶということが、歴史のある名門企業にはよく見られるのです。まして100年前に始まった仕事となれば、誰が何のためにつくった仕事なのかはもはやわからず、廃止の検討ができる人すらいないでしょう。しかし実直さゆえに、その仕事をやり続けてしまうのです。

　本当に必要な業務かどうかを見極める時が来ています。過去の先輩や先人たちのやり方を継承することだけに注力せず、これからの未来に活躍する若手社員のために、思いきってやめる勇気が必要です。

　職人気質の自己満足に終わらせず、「本当にお客様が望んでいるのか」「それをすることで本当に成果が上がるのか」を問い続けて、過剰品質を避ける努力が求められます。

成果を創出するマネジメントのポイント⑤

成果と業務を“見える化”する

　それでは、具体的には何を“成果”とし、どのように評価すればよいのでしょうか？

　これまでのマネジメントでは、「今日も残業だなんて、Ｘさんは頑張っているね」と、働きぶりを見ることで評価してきました。定時ぴったりに帰宅する部下がいれば「やる気がない」、長期休暇を申請してきた部下には「責任感がない」などと嘆いていたわけです。
　部下の働く素振りを“監視”することをマネジメントだと誤解しているから、素振りが見えないテレワークを嫌がる上司は少なくないのでしょう。「仕事ができるのは、彼／彼女が頑張り屋だからだ」などと属人的に成果を評価していては、いつまで経っても組織全体の生産性が向上されることはありません。

　今後のマネジメントは、部下の“働くふり”を見るのではなく“成果”と“業務”を見ましょう。

　仕事によって成果は決まるのであり、もちろんそこには因果関係があります。原因は「業務（業務内容と業務プロセス）」で、それによって決まる結果が「成果」です。

「成果」を定義する

　成果を創り出す業務内容・業務プロセスが十把一絡げでは、生産性は低いままです。たとえば、Yさんの仕事を見てみましょう。達成されるべき「成果」は、何をどこまで行うのかを明らかにします。

　Yさんは、"顧客状況を分析し、報告書を△△日までに作成する"ことが求められています。「成果」を明文化することにより、日頃行っている仕事が成果に直接結びつくものなのか、あるはムダがあるのかを判断できるようになります。

　偉大な統計学者だったW・エドワーズ・デミングが「定義できないものは管理できない。管理できないものは測定できない。測定できないものは改善できない」と言ったように、改善するには、最初に「成果」を定義し、到達水準を数字で表すことが大切です。

　誰しも、少し忙しいくらいの方が充足感につながります。「今日も忙しかった。私は頑張った」と自分に言い聞かせ、自己満足に浸れるからです。

　しかし、無駄な業務はどれだけ一生懸命にやっても無駄のままです。効率化を図らず、目前の業務に奔走するのは怠けていると言われても仕方がありません。

　Apple社の共同設立者の1人であり世界的な実業家だった故・スティーブ・ジョブズは、次のような名言をのこしています。

「重要なことに集中する唯一の方法は『ノー』と言うことだ」

「我々がすることと同じくらい我々がしないことを私は誇りに思う」

　時間は有限です。だからこそ、やるべきことを見極め、やらなくてもいいことを削減することは、生産性向上の一番の近道です。

業務内容をプロセスごとに分け、「影響度」と「投入時間」を見る

　成果を達成するための業務をその内容とプロセスごとに分けて見ると、当然ながら成果に与える影響の度合いも違います。「図6-4　成果にこだわるマネジメント」を見てください。

　たとえば、Ｚさんの業務プロセスは5つの業務内容から構成されてい

図6-4　成果にこだわるマネジメント

短時間での成果創出が目的

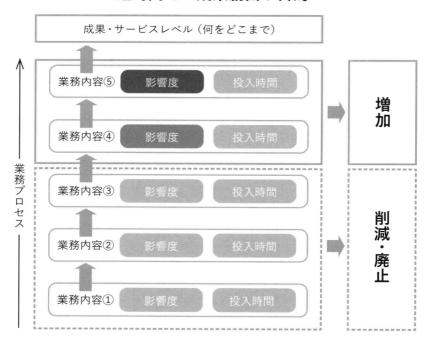

出典：筆者作成

ます。業務内容①「メールのチェック」②「ミーティング」③「業務ス
ケジュール作成」は、成果への影響度は低いものです。一方、業務内容
④「データ分析」と⑤「資料・企画書・報告書作成」は影響度が高く、
手を抜けません。

　それぞれの業務にかけている時間（投入時間）を見ると、かけている
時間と成果への影響度が釣り合っていませんでした。
　実は、以前のＺさんはメインとなる業務内容④と⑤よりも、①と②と
いった連絡に大幅に時間をかけていたのです。その結果、データ分析が
足りず、報告書も薄っぺらなものに。そこで、「メールのチェックは決
めたタイミングと時間で行い、メール作成は端的な表現にとどめる」「ミー
ティングは制限時間内に、不要なものはキャンセル」と影響度の低い
①と②の作業と時間を削減し、十分な時間を④と⑤に投入しました。結
果として、仕事の質は上がりました。

目的は残業削減ではなく、「短時間での成果創出」

　日本で今行われている働き方改革の現状は「残業削減」を目的にして
いるため、成果に対する業務内容の影響度はまったく考慮されていませ
ん。「今日はNO残業DAYだから帰りましょう」という状況では、影響
度の高い業務内容④や⑤もストップ状態に。成果が下がるのは必然です。

　通常、業務内容と業務プロセスは、成果に近くなるにつれて成果に与
える影響度も高くなります。朝、仕事を開始して①から手をつけ、お昼
休みをまたいで午後から③。夕方頃にようやく業務内容④と⑤に手をつ
けようかというところで「帰れ」と言われる。
　そうなれば、成果を下げるか、自宅に仕事を持ち帰ってサービス残業
をするといった本末転倒の不幸な出来事が起きてしまいます。

目的は、あくまでも短時間で成果を出すことです。

　成果への影響度の高い仕事ほど多くの時間を投入すべきです。図6－
4にあるように影響度の低い下部の業務内容①から③は削減・廃止する
ことで時間を生み出し、上部の業務内容④と⑤を増加させるのです。

　オフィスワークでは、部下の働きぶりは一律に見えますが、問いただ
さないかぎり、現在どの業務内容にあたっているのかを上司が知ること
はできません。

　一方、テレワークでは働きぶりが見えないぶん、業務内容と費やして
いる時間を提出してもらえれば、可視化されます。管理職側が認識でき
れば、業務プロセス上の問題点に気づくことができ「業務内容の①と②
に時間をかけすぎていますね」「業務内容①と②はやらなくていい仕事
なので削減し、④と⑤にまわして質を高めてください」と指示すること
ができます。

　マネジメントは、“見える化”することで管理できるものなのです。

成果を創出する
マネジメントへの転換①

　ダイバーシティ ver.1 では、人の属性の多様性に対する反応（抵抗、同化、分離、統合）が議論の焦点となっていました。

　日本でも一部の異なる属性をもつ人たちの採用・活用がまだ進んでいない状態です。

　ダイバーシティの第一歩は、"他者が自分と違うことを理解し認めること"。一見すると簡単にも思えますが、自分と違う属性の人に対する偏見は根深いものがあります。

ラベリングの問題

　たとえば、女性社員の登用を検討する場で次のような言葉はよく耳にされます。
「女性はすぐに泣くから、面倒ですよね」
「結婚して、子どもができたらすぐ辞めちゃうでしょ」
「産休・育休に入ったら、しばらく出社できないよね」
「育児中は家庭を優先するから責任のあるポジションは任せにくい」
　今では、"セクシャル・ハラスメント"や"マタニティ・ハラスメント"という言葉が認知されるようになってきていますが、それでも"本当のことだよね""事実だしね"と思っている管理者は少なくありません。

「ゆとり世代は主体性がなくストレスに弱い」「外国人は個人主義的」

など、社員を評価しているように見える言葉の主語は、個人の評価ではなく属性です。

「女性／〇〇世代／〇〇人は、こうだ」と、モノにラベルを貼るように、個人を見ずに人の評価を固定的で類型的に定めてしまうラベリングは、ダイバーシティ ver.1 のマネジメントにおいて大きな問題点となっています。

　ラベリングを克服しなければ、歩み寄りも生まれないからです。

違いを認めて先に進めば、全体のプラスになる

　2000年代中頃に流行した漫画『働きマン。』は、編集者という忙しい職業にある女性が、"女性らしさ"や"女性としての幸福"を天秤にかけながらキャリアウーマンとして仕事と向き合う仕事漫画でした。

　その10年後にドラマ化などでヒットした『校閲ガール！』や『逃げるは恥だが役に立つ』の女性主人公たちは、無理をして頑張る"意識高い系"の働きマンではなく、自分らしくある女性たちが描かれています。

　こうした表現作品から垣間見えることは、「女性であること（属性）は、その人の一部であって、全てを表現していない」という事実です。

　女性だから"男性のように働かなくてはいけない"という時代は過ぎ去り、違いがあるうえで個人が自分の能力や強みを発揮しながら働ける時代になりました。

　ラベルによる評価をやめれば、社員やマネジメントが抱える問題の本質が見えてきます。真に"成果"にこだわるのであれば、個々人の社員が本領を発揮できるマネジメントに進化しなければなりません。

成果を創出する
マネジメントへの転換②

　属性の多様性が焦点だったダイバーシティ ver.1 から進化したダイバーシティ ver.2 では、働き方の多様性が議論の焦点となります。

　ver.1 では、同質的であることが大前提だったために違いを受け入れられずに、社内の問題を解決できていませんでした。

　女性社員の違いを受け入れ、労働環境や福利厚生を見直すことは、男性社員や他の社員にとってもより働きやすい職場になるように、大前提の誤りを認めれば必ず"成果"を生み出せます。

　一方で、未だに根深いのが「同じ時間・同じ空間を社員たちが共有する」という大前提です。多くの死者を出した新型コロナの流行という体験を経てもなお、働き方の多様性を認められない管理職や経営者は多くいます。

　その理由は2点あります。

プロセス評価にしがみつくマネジャー

　1点目は、「プロセス評価」至上主義に陥っていることです。

　主にミドルマネジメントを中心に、プロセス評価はポジティブに捉えられてきました。日頃の働きぶりを見て適宜声をかけることで「部下を適切に管理している」と感じ、「結果よりも努力や頑張りを評価するのがよい評価だ」という感情による基準で判断しがちでした。つまり、プ

ロセス評価は主観的な評価になりやすく、管理者の好き嫌いが反映される傾向が強くなるのです。

　互いに人間ですから、一緒にいれば好き嫌いも生まれますし、「やっぱり女性社員はダメだ」といったラベリングに振り回されます。主観的な評価で部下への接し方を変えていては、正しく成果を導き出すことはできません。評価が公正でないと感じれば、部下たちは不満を抱き、勤務態度や関係性は悪化し、成果も出ません。

　成果が出ない原因を探るにはプロセスを見る必要がありますが、成果を無視して行われるプロセス評価は、不安を抱えるマネジメント層のためのマイクロマネジメントであり、会社利益を犠牲にした安心材料でしかないのです。

　真に会社利益を考えるならば、属性や主観的な気持ちではなく、シンプルに成果を出したかどうか、成果からの距離によって働きを評価するマネジメントが重要です。人ではなく成果を評価するように変えていかなくてはなりません。

不慣れな環境に戸惑っている

　2点目は、慣れの問題やインフラ整備などの問題です。

　新型コロナの影響により、多くの企業が社員の在宅ワークを導入しました。ストレスを抱えながら出社していた両立社員は諸手を挙げてテレワーク導入を歓迎したでしょう。一方で、出社することで家庭内ストレスから解放されていた管理職は真逆の反応を示します。

　当然ながら環境が変われば、順応には時間がかかるものです。

　社会的生物である人間は、対面している人間や集団の変化を言語以外の情報、声のトーンや表情や態度から読み取る能力に優れています。そ

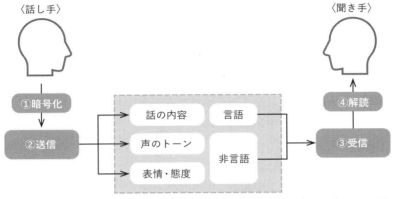

図6-5　情報伝達としてのコミュニケーションの構造

〈話し手〉　　　　　　　　　　　　　　　　　　〈聞き手〉

①暗号化

②送信

話の内容　　言語

声のトーン

表情・態度　　非言語

④解読

③受信

出典:「通信の数学的理論」クロード・シャノン 1948

れによって他者との共存のストレスを減らしているとも言えます。

　オンライン上で情報が制限された環境では、②送信と③受信にタイムラグが生じたり、通信不良で声が途絶えたり、画面がフリーズすることが起こります。自然とストレスを感じるのは当然です。ただし、ビデオ会議でも、通信の速度を上げる、品質の高いマイクに変える、明るい部屋／ライトアップで顔がはっきり映るようにするなどの工夫で、聴き手のストレスを減らせ、支障なく会議を行えます。

　視覚や聴覚の情報伝達を少し改善するだけでも、大きな違いがあります。

環境が変われば、コミュニケーションも変わる

　また、これまでの「ライブ」でのつながり方と「オンライン」でのつながり方では、送受信にタイムラグが発生するため、伝達情報にも違いが生まれます。

そのため、コミュニケーション上の問題点も変質します。ライブであれば「笑顔もないし相槌も少ない」ことが「態度の悪い社員だ」という結論に至っていたものが、オンラインであれば情報が制限されるために「ちゃんと伝わっているのかな？」「通信トラブルでは？」という不安につながります。

　対面であれば曖昧なコミュニケーションでも"空気を読む"ことで成立していたものも、オンラインでは誤解を招きやすく、それによって知らずと他人を傷つけ、深刻な対立につながりかねません。

　対面であれば、ミスを指摘しながら「仕方のないやつだな！」と部下の肩を小突いても、部下が照れ臭そうに笑ってくれれば「次は気をつけろよ、よし、気持ちを切り替えていこう！」と背中を叩くなどのハイコンテクストなコミュニケーションにより、仲のよいやりとりになります。

　一方、電話越しに「仕方のないやつだな！　次は気をつけろよ」と大声で言われたら、表情も雰囲気も見えないので、部下は詰められたように感じるでしょう。部下の反応が見えないために気まずく「……よし、気持ちを切り替えていこう！」と口にしても、相手には届かないでしょうし、言い繕った印象を与えてしまいます。

　どちらがよいというわけではなく、環境に応じたやりとりが大切だということです。表情や雰囲気でなんとなく許されていた発言も、本来なら人に応じて受けとめ方も違います。ローコンテクストのコミュニケーションであれば、ミスとその原因を適切に指摘し、次に気をつけるべき点を言語化すれば、誤解や気まずさを招きません。次の仕事で成果が出れば、部下の自信は自然と取り戻せます。

必然の変化にどう対応するか？　が問題

　テロや災害、ウイルスの驚異など、「同じ時間・同じ空間を社員たち
が共有する」という大前提は危険なものとなり、公私共にオンライン化
が進んでいます。それに伴い、ICT技術はより進化を遂げ、私たちの働
き方やライフスタイルも多様化しています。

「時間・空間を共有しない」ことを大前提としたダイバーシティ ver.2
におけるマネジメントでは、「コミュニケーション効率」と「チームワ
ーク」が課題となります。

　同じ場所に居合わせれば、放っておいてもコミュニケーションはでき
ました。今後は、時間のズレを中心に、意図的にコミュニケーションや
チームワークをとらなければなりません。

　社員たちのICT環境、働く時間帯、連絡がつながるタイミング、対面
の有無なども社員に応じて違いが出てきます。

　しかし、そうした違いも、実際には成果への障害にはなり得ません。
成果にこだわるマネジメントで、環境の違いにも有効なコミュニケーシ
ョン手段を駆使していくことが求められています。

成果を創出する
マネジメントへの転換③

　ライブとオンラインという環境の変化は、組織のあり方の根本に変質をもたらします。

　それが、（1）組織における部下とのつながり方の変化、そして（2）組織成立の3要素の変化です。

（1）組織における部下とのつながり方の変化

　これまでは、同じオフィスに上司も部下も出勤し、顔をあわせて働いていました。基本的には同じ時間帯で働き、上司が部下の面倒をみるのが当たり前。面倒見の悪い上司にあたってしまえば「運がない」、人望の厚い上司のもとでは「幸運で成長するチャンス」と思われていました。

　また、多忙を極める上司は部下を呼び止めて、急な仕事を「他の人に聞いてやってみて」「大丈夫だよね？」ととくに説明もせず、部下任せにすることもできました。

　働く場所や働く時間が分散されれば、上司と部下はオンラインでつながることになります。同じ空間・時間に居合わせる必要もなくなるため、異なる場所・時間にそれぞれが働きます。

　そうなれば、裁量は個人に任され、各々が集中できる場所・時間でやるべきことをやります。たとえば、私は朝6時くらいが一番集中できて一番いい仕事をすることができます。一方で、お昼前の時間帯が集中できる人や、のんびり過ごした後の家族が寝静まった深夜に本領発揮する

人もいます。

　個々人で違うからこそ、報告のタイミングを決めておけば、上司が部下を逐一監視する必要はありませんし、部下も上司の手伝いがあるかお伺いをたてる社交辞令をせず自分の仕事に集中できます。

　ライブでは上司・部下のつながり方のポイントとして関係性の"緊密性"がクローズアップされてきましたが、今後のオンラインでつながる関係性では、互いに集中して働けることがポイントになります。

（2）組織成立の3要素の変化

　上司と部下、社員同士のつながり方が根本的に変わるのであれば、組織が組織であるための条件も根本的に変わると考えられます。

　バーナードの考えに準拠すると、組織が組織として成立するには3つの要素があります。

　①共通の目的：組織成員の目指す共通の目的
　②協働（貢献）意欲：自己の活動を組織のために提供しようとする意欲
　③伝達：組織成員が共通の目的の存在と内容を知り、貢献意欲を相互に認識するためのコミュニケーション

◇「ライブ」前提の3要素

　ライブで顔を合わせる職場では、言わずもがなで目的は共有されていました。売上が下がってカッカと怒る上司の様子を見て「来月は何がなんでも達成しないと」と察したわけです。

　売上が伸び悩む同僚や後輩がいれば、「部の目標達成の足を引っ張っているな」「助けてあげたいな」と感じて、おのずと手助けする社員がいます。

こうすることがチームワークですよと言わなくても、問題点が可視化されているので自然発生的に協働し合えます。

「一緒に売上目標、達成しようね！」「今月はAブロックよりBブロックに集中したほうが売上は上がると思うよ」など、共通目的を確認する言葉のやりとりも、居合わせていればいつでもできます。

　つまり、バーナードが想定した3要素は、従来のオフィスワークでは“自然発生的”なものでした。“なんとなくわかるでしょう”と、無意識的な存在に過ぎなかったわけです。

◇「オンライン」前提の3要素の変化

　それでは、オンラインになるとどうでしょうか？

　決められた時間のうちに成果を達成する働き方では、無駄なタスクは削ぎ落とし、成果への影響度の高いものに集中して働くことになります。そのためには、個々人が成果の定義を明確に知り、自分のやっている仕事がどのように結びついているのかを認識していなければなりません。

　そのため、“言わずもがな”は前提にならず、ビジョンやミッション、事業計画や戦略という明瞭な共通目的によって、社員同士はつながることになります。

　空気を察して自然発生的に協働していたチームワークは、オンライン上では非常に困難です。基本的には、チームの姿や様子は目に映らず、ソロワークになりやすいからです。メールやチャットなどで意識して声をかけ合わなければ状況を把握できず、社員たちが孤立してしまいます。そのため、“意図的”にチームワークを構築することがより重要になります。

　伝達もオンラインに移行すれば、ライブで肩を叩いて声をかけ返事をもらうようにはいきません。メールやチャットでメッセージを送ってもすぐに返事がくるとは限りません。言葉だけで意図を伝えるので、情報伝達効率は下がります。

3要素の新常識「WHY」「1 on 1」
「コミュニケーションの回数・時間UP」

　そのため、オンラインを通じながら組織を組織として成立させるためには、下記の意識的な行動が必要になります。

　①共通の目的：WHYを多用する
　②協働意欲：1 on 1を増やす
　③伝達：コミュニケーションの回数・時間を増やす

①WHYを多用する

　これまでは仕事の目的やゴールは言わずもがなで、全員が自然に共通認識をもっていました。同質性や同調圧力も共通認識に有効に働いていました。しかし、これから管理職は「なぜその仕事をするのか」を部下に話し、仕事の目的についてしっかりと伝える必要があります。「なぜ」を理解することは仕事の本質だからです。それによって、部下が主体的に成果を出せるようになるからです。「なぜ」を理解していない部下は、いつまで経っても効率の悪い働き方から抜け出せず、成果を上げられません。また、ソロワークになるので間違った方向に突き進む懸念も生じます。

②1 on 1を増やす

　社員たちが居合わせれば、他の社員の働き方を見たりして「課長のように会社の利益に直接的な貢献したいな」「Aさんみたいに次のキャリアを考えながら働けば自己成長できる」と自ずと考えられます。本人が自身のキャリアを考える機会を周囲が自然と創出していたのです。
　しかし、オンラインではソロワークになるわけですから、考える機会を意図的に付与する必要があります。そのため、個別対応で「今あなた

がしている仕事は、こんな成長や将来のメリットがあるんですよ」とキャリアを支援することが、個人の成長意欲を喚起することにつながります。充実した個人が集まらなければ、成果の上がる組織にはなりません。

③コミュニケーションの回数・時間を増やす

オンラインでは伝達のタイミングや手段はかぎられます。そのため、接点回数や時間をいかに増やすか、コミュニケーションの量が組織成立のうえで非常に大切になります。その機会を放置していては、社員が共通目的を認識しているかどうか、貢献意欲や協働意欲が下がっていないかどうかは不明となり、成果達成が危ういばかりか、組織が崩壊する可能性も生じます。

接点の回数と時間を増やすことで、伝達効率の低下を補うことができます。量は質を担保するのです。

◇①～③の共通として、ローコンテクストで伝える

そもそもの大前提として、情報伝達の効率も量も下がるため、誤解や対立を招かぬよう、言葉や手段を慎重に選ぶ必要があります。

さらに、ビデオ会議では、ファシリテーターの役割がより重要になります。

対面上の会議では、発言が重なっても発言者は一目瞭然です。一方、ビデオ会議では人数分に分割された枠に顔が映っていて、それらを確認しながら議論に参加するマルチタスクが要求されます。

さらに機器を通じて音声を聞き分けるため、発言が重なれば誰の言葉が重なったのかがわかりづらく、また、発言したい人の存在を感知することも難しいです。そのため、誰かの独断場になってしまったり、なかなか発言できない人がいたりして、会議がスムーズに進みません。

ファシリテーターがうまく采配して、会議の質を担保することが求められます。言い換えれば、ファシリテーション技術が会議の質を規定す

るのです。会議の目的やルールを明示し、進行提案し、逸脱する発言は修正し、発言が少ない人へはその機会を催促します。さらに議論を意図的に発散させ、その後収束させるなど、ファシリテーターの責任は重大です。オンラインの特性を理解しながら、"合理的な議論"に変えていくことが求められます。

VII章

ダイバーシティからイノベーションへ

　これまで日本における多様な社員のかたち、マイノリティへのマネジメントについてお話ししてきました。個々の社員が属性や環境によって雇用と成長の機会を奪われることなく、成果を出す社員として活躍できるかはマネジメント次第です。

　本章では、成果の創出からさらに一歩考察を進め、ダイバーシティがイノベーションを喚起することについて見ていきましょう。

1

イノベーションの本質は "新結合"

現代は「VUCA」といわれる時代です。「Volatility（不安定性）」「Uncertainty（不確実性）」「Complexity（複雑性）」「Ambiguity（曖昧性）」の頭文字が象徴するような社会では、既存の商品と組織像ではすぐに陳腐化してしまいます。そのため、多くの企業で"イノベーション"への取り組みが盛んに行われています。

組織の存続がかかる「イノベーション」。スティーブ・ジョブズやイーロン・マスクなどのイノベーターのイメージに引っ張られて言葉ばかりが独り歩きし、いつの間にか"発明（invention）"と混同されている方もいらっしゃるかもしれません。
「革新的な新商品の企画を出せる才能が社員にないから無理」
「学歴もいいし真面目に働く社員ばかりなのに変革が生まれない」
など、真の意味を理解していなければイノベーションが生まれることはありません。

イノベーションとは？

「イノベーション」という概念の起源は1912年まで遡ります。オーストリアの経済学者ヨーゼフ・シュンペーターは『経済発展の理論』で「新結合（new combination）」という言葉を用いて、新しい組み合わせによってイノベーションが生まれることを説明しました。あくまでも既知の

２つの新結合であって、発明や発見の類ではないことに注意が必要です。

　シュンペーターによれば、イノベーションは主に次の５つの分野で生み出されていきます。

①製品（Production Innovation）
　例：オリンパス「内視鏡」、Apple「iPhone」など
②工程（Process Innovation）
　例：トヨタ自動車「トヨタ生産方式」、アパレル業界における「SPA」など
③販売方法（Market Innovation）
　例：日清食品「インスタントラーメン」、スマートフォンの「ゲームアプリ」など
④事業（Supply chain Innovation）
　例：コマツ「KOMTRAX」、３Ｍ「ポスト・イット」など
⑤組織（Organization Innovation）
　例：GAFA（Google、Amazon、Facebook、Apple）、サイバーエージェントなど

　新しい組み合わせを経済に投入することによって、経済発展をもたらす現象がイノベーション（innovation）です。シュンペーターは、イノベーションとは「単なる発明ではなく、技術的あるいは組織的に斬新なものを市場に浸透させること」だとしています。
　イノベーションの本質は質の異なる２つを「新結合」することであるがゆえに、決して同質性の組織からは生まれません。つまり、イノベーションにとってダイバーシティは必要条件です。ダイバーシティとはイノベーションのかぎりない可能性を広げる要件なのです。

新たな価値を創出するのは
"多様性+適切なマネジメント"

　しかし、多様性だけでは混沌とし、成果を出すどころか悪循環になりかねません。

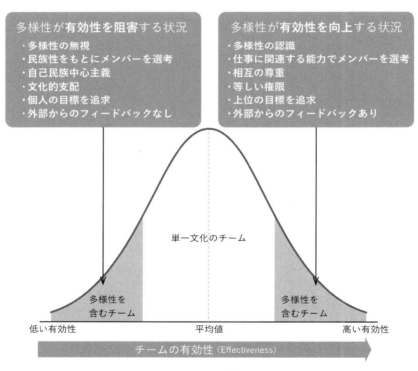

図7-1　文化の多様性とパフォーマンス

多様性が**有効性を阻害**する状況
・多様性の無視
・民族性をもとにメンバーを選考
・自己民族中心主義
・文化的支配
・個人の目標を追求
・外部からのフィードバックなし

多様性が**有効性を向上**する状況
・多様性の認識
・仕事に関連する能力でメンバーを選考
・相互の尊重
・等しい権限
・上位の目標を追求
・外部からのフィードバックあり

単一文化のチーム

多様性を
含むチーム

多様性を
含むチーム

低い有効性　　　　　平均値　　　　　高い有効性

チームの有効性（Effectiveness）

出典：「ダイバーシティ 2.0一歩先の競争戦略へ」経済産業省 平成29年

UCLAの実験によれば、文化の多様性をもつチームは、単一な文化を
もつチームと比べて、最も高い有効性を発揮することもあれば、反対に、
最も低い有効性にとどまってしまうという結果が得られました（図7-1
文化の多様性とパフォーマンス）。

　差別的で公平さにかけた環境では、対立や疎外感が生まれ、個々の能
力はおろかチームワークも発揮することはできません。その一方で、多
様性を意識しながら公平に目標を追求する環境下であれば、個々の能力
とチームワークが発揮されて単一性の高いチームよりも高い成果を出す
ことがわかります。
　この差を分けるのが、マネジメントです。
　多様性と可能性をもつチームでも、マネジメントひとつで結果はこれ
ほどにも変わってしまうのです。イノベーション創出の確率を上げる主
因はマネジメントだと言っても過言ではありません。

イノベーションを生み出す企業文化

　ハーバード大学教授のマイケル・スターン氏によれば、強力なイノベーション文化をもつ企業には、①従業員の自発性（権限移譲の重視）、②従業員のダイバーシティ、③非正規プロジェクトへの作業許可、④セレンディピティ（serendipity）、⑤徹底したコミュニケーションの5つの特徴が見られます。

　従業員のダイバーシティに対しては、多様性を認める公平なマネジメントによって高い成果を導くことができることは、先ほどお話ししたとおりです。
　それでは、実際に成果を出している組織では、どのように多様性を活かす文化になっているのでしょうか？

　ダイバーシティ研究で知られるアメリカの社会科学者でミシガン大学教授のスコット・ページの著書『The Difference』によれば、イノベーションを実現する米国企業には、「組織内で議論が活発であること（Creative Abrasion：創造的な摩擦）」「すぐにリアクションをとる俊敏性と決断力があること」これらが備わっているそうです。
　議論が活性化されるためには、異なる知識やスキル、考え方や働き方など、違いのある個々の人たちが意見し合う環境が必要になります。つまり、「知的多様性（Intellectual Diversity）」という前提があってこそのものです。

そして、能力や経験、実力といった内面の違いがタスクの多様化にもつながります。こうしたタスク型の多様性は「タスク型ダイバーシティ（Task-related Diversity）」と呼ばれ、こうした特徴をもつ組織は、組織パフォーマンスが質と量ともに高くなることが研究によって明らかとなっています（Horwitz, 2007）。

　能力や経験、実力などが異なる社員たちがいれば、自然と①多様な観点、②多様な解釈・捉え方、③多様な経験則、④多様な予測モデルを入れることができます。簡単に言えば、複雑性を帯びる社会に対し、アイデアを出す側も複雑化していけば対応力が高まるということです。

イノベーションのジレンマに
どう立ち向かうか

しかし、必ずしもイノベーションを創出したからといって、全てがうまくいくわけではありません。なぜなら、イノベーションには2つのジレンマがあるからです。

「生産性のジレンマ」と「イノベーターのジレンマ」

（1）生産性のジレンマ

ハーバード・ビジネス・スクールの教授であった故ウィリアム・アバナシーは、生産性のジレンマを指摘し、「革新的な新製品を目指す製品イノベーションと生産性の向上を目指す工程イノベーションとは両立しない」と述べています。

イノベーションの5つの領域のうち、製品（Product Innovation）と工程（Process Innovation）は対立し合って同時に向上させることはできないというのです。

製品をイノベーションする際、重視されるものは"創造"ですから、求められるものは「変化」「組換」「新結合」「創造性」といったものになります。一方、工程をイノベーションするには、生産性を向上させる"効率性"が重視されるわけですから、「標準化」「専門化」「統合化」「自動化」が求められることになります。

たとえばモノづくり企業の中では、組織の多数派（マジョリティ）は工程を管理する製造部門です。しかも毎日、現場で利益を創出していま

す。一方、少数派（マイノリティ）は開発部門あり、利益貢献は見えづらいものです。多数派の発言力が強ければ、「今の生産性や効率を落としたくない（工程）」と言い出し、開発側は「いろいろ試す（製品開発）」ことに躊躇してしまいます。危ない橋は渡りたくないという心理が、製品のイノベーションを少しに留め、時間をかけたわりに平凡なものしか生み出せなくなってしまいます。

（2）イノベーターのジレンマ

　同じくハーバード・ビジネス・スクールの教授で破壊的イノベーションの理論を確立したクレイトン・クリステンセンは、「既存商品の価値ネットワークと破壊的商品の価値ネットワークとは両立しない」というイノベーターのジレンマを指摘しました。

　製品や事業の面でイノベーションを生み出し、高性能な製品やサービスを出すことができれば、「こういうものを求めていた！」と顧客は飛びつき、より高い利益を生み出す源泉になります。

　もちろん、市場では競争になりますから、より高い品質をもつ製品が次々と登場し、過剰な高品質を目指すようになります。

　たとえば、携帯電話です。十数年前、お店には薄く小型化されたうえにさまざまなサービスがついたガラケーの携帯電話が並び、当然ながら新しい商品が売れていました。しかしある程度、商品が市場に浸透してくると、全ての商品の機能が飛躍的に高まり、お客様のニーズを超えてしまいます。機能がオーバーシュートになると、大半のお客さんは"ある程度使えればいい"と考え、品質は標準で価格が適当なものを選びます。

　ところが、"より高機能""より高品質"を競い合い市場がレッドオーシャン化していても、一度成功したイノベーターはその市場に固執し、より多くの顧客の声を聞き、より品質や機能を追い求めてしまいます。その市場における多数派の顧客はガラケー使用者であり、その意見を聞

きすぎるがあまり、少数派の新たな顧客やニーズの存在に気づかなかったのです。

そこに、破壊的イノベーターが登場し、スマートフォンを市場に投入しました。すると携帯電話のガラケーは駆逐され、市場はスマートフォン一色に変わっていきました。同時に市場のプレイヤーも一気に入れ替わるのです。しかも、スマートフォンは、電話、メール、インターネット、デジタルカメラ、音楽プレイヤーなど、既知の機能を組み合わせた商品です。それぞれの機能に限定した商品をすでに製造販売していた日本企業がiPhoneをつくれなかったことは無念としか言いようがありません。

つまり、一度イノベーションを起こして市場の多数派となったがゆえに、その経験にとらわれ、新しい破壊的なイノベーションが起こしづらくなってしまうのです。

上記のように、少数派がイノベーションを起こすという側面があることは無視できません。

マイノリティとイノベーション

辺境変革論も重要な視点を与えてくれます。現状の政治・文化・経済が停滞し、大きな構造変革が求められる時、その変革は現在の政治・文化・経済の中心地帯では起こらず、そこから一定の文化的、地理的距離にある辺境地帯で起こるという考え方です。前者が多数派であり、後者が少数派であることがほとんどであり、多くの場合、多数派は現状維持的で、既得権益を守ろうとし変革には消極的です。

また、マーケティング分野でのイノベーター理論も大きなヒントを与えてくれます。これは、新しい製品やサービスの市場への普及率を表し

たマーケティング理論です。

　最初に新しいものを採用するのがイノベーター（革新者）と呼ばれるわずか2.5%の層です。それに続くのがアーリーアダプター（初期採用者）で13.5%、慎重なのはアーリーマジョリティ（前期追随者）という層で34.0%、さらに消極的なのがレイトマジョリティ（後期追随者）で34.0%、最も遅いのがラガード（遅滞者）という層で16.0%を占めるといわれています。

　やはり新たな市場を創造し、牽引するのは少数派であるイノベーター2.5%とアーリーアダプター13.5%、合わせて16%の人たちなのです。

　つまり、イノベーションとマイノリティは非常に関係性の深い概念であり、「マイノリティがイノベーションを喚起する」と言ってもよいのではと感じさせてくれます。

　日本におけるマイノリティは、女性が45.0%、LGBTＱ+が8.9%、両立社員が48.0%、障害をもつ社員が2.1%、外国人の社員が2.2%です。コロナ禍以前のテレワーク導入企業は19.1%にとどまっています。

　これまでの章の中で、上記の属性のマネジメントを考察してきた理由は、マイノリティの人権を守ることや、働きやすい環境整備を進めるためだけではありません。このマイノリティの活躍こそが、日本企業からイノベーションを起こす重要なファクターであると信じるからです。

　日本企業の中で長くマジョリティであった社員は、組織内や社会にすでに浸透しているルールに基づいた有効な考えや知見、経験をもっています。一方で、マイノリティである社員は異なる視点や視野をもっています。その両者が互いに刺激し合い、本音で議論することで新たな考えや価値を創造することができます。

　マジョリティは既得権にしがみつかず、マイノリティは権利主張ばかりせず、両者が互いに話し合い、新たな価値や商品・サービスを創造することで、日本企業が今後も発展し続けるようにしていきたいものです。

多様性こそが"持続可能"な経営を創る

　私たちの社会は、さまざまなリスクを抱えています。

　少子高齢化による社会保障問題と労働力不足。9.11に代表されるテロリズム。3.11のような未曾有の天災。人命と経済活動に襲いかかる新型コロナウイルス感染症。

　こうしたリスクを前にこれまでの"当たり前"は通用せず、"新しい働き方"が求められています。

　均一な労力を集めれば成り立っていた経営はもちろん、経済活動の大前提であった「集中・集約化」という、世界中で当然視されていた社会のかたちも変容が求められているのが現代です。

　しかし、恐れることはありません。

　少子高齢化に対し、働き盛りの男性ばかりが働く時代に終わりを告げ、女性が家庭を犠牲にすることなくキャリアを積める社会の実現に向けた動きなど、多くの人や企業が変わり始めています。人生100年時代といわれる今は"定年退職"という年齢の壁も消えようとしています。

　災害経験によって経営のあり方も見直され、感染症の脅威が示す「集中・集約化」のリスクに対しては、多くの企業がテレワークを実施し、"オフィス"のあり方も変わりました。

社会を救うのは、時代の変化に適応して自らを変える経営力です。

不安定で不確実性が高く、複雑で曖昧だといわれるVUCAの時代。
世界中で経済危機に瀕している「集中・集約化」のままの組織では、猛威に飲み込まれて消えてしまいます。均一な人材しかいなければ、新たな価値を生むこともできず未来にまで存続することも難しいでしょう。
絶えず変化する地球環境の中で人類が進化し続けてきたカギは"多様性"と"適応力"でした。100年に一度といわれる天災に見舞われた今、あらためて問うべきことでしょう。

変容し続けなければ生き残れない現代ですが、一方で変わることのない普遍性もあります。
「成果を出し続け、組織を持続させる」という経営の目的です。
オフィスワークからテレワークへと社員の働き方が変わろうとも、経営の本質は変わりません。1人の人間の限界を超えるために協働して組織を構築し、さまざまな個人がそれぞれの強みを発揮することで大きな成果を達成する。だからこそ、「成果を創出するマネジメント」を続けることが、社会がどのように変質しようとも持続し、社会的価値を生み続けられる企業の未来を創ります。

変化は、"新たな可能性"をもたらすものです。
否応なくテレワークを導入した結果、社員たちの"成果"がより鮮明化され、「いつ働くか、どこで働くか」という時間と空間を限定することが成果に対して重要ではないことを認識した企業も多いことでしょう。
古く小さな殻を破れば、可能性は広がっていきます。ジェンダーや性の指向性、年齢に縛られることのない社員が働くだけでなく、障害や私生活の事情のために仕事を諦めていた人たちも働けるようになりました。人材の可能性が一気に広がったのです。

女性社員やLGBTQ+社員、若手社員やシニア社員、外国人社員、障害をもつ社員、育児・介護・傷病治療・学習両立社員、テレワーク社員。もちろん、こうした違いのある社員を雇用すれば必ずうまくいく、というわけではありません。どれほど優秀な社員もその組織で活躍できるかどうかは、全てマネジメント次第。成果を出せるか否かは、多様性を力に変える経営によって決まるのです。

　だからこそ、古い体制に残る均一的で傲慢なマネジメントとは別れを告げ、その本質に立ち返り、個人と向き合って成果を出せる社員を育成するマネジメントに生まれ変わる必要があります。
　ダイバーシティ・マネジメントには、さまざまな人材や顧客、株主など多くの人を幸せにする魅力があります。
　成果にこだわることは、誰に対しても公平で、管理職も含めて社員全員が成長できるものだからです。

　本書を通じて、より多くの方々が充実した生活と仕事を送り、その相乗効果によってイノベーションを起こす企業が日本に増えることを応援します。
　生き方・働き方の再定義が問われる今、ダイバーシティによって持続可能な経営に生まれ変わり、豊かな未来を守りましょう。
　過去と現在から学び、その答えを実践し続けることが、多様性を認め、リスクを分散し、均一化に対抗できる価値をもつダイバーシティになります。
　イノベーションを起こす企業として"未来"を構築していきましょう。

　2020年9月吉日

西村直哉

【著者略歴】

西村直哉（にしむら・なおや）

株式会社キャリアネットワーク代表取締役社長、リーダーシップ・コンサルティング株式会社代表取締役。人材育成・組織行動調査のコンサルタント。組織学会会員、日本労務学会会員。

教育研修会社で営業職を経験した後、リーダーシップ開発を中心としたコンサルティング会社を立ち上げ、2012 年に株式会社キャリアネットワーク代表取締役社長に就任。「人材アセスメント」など各種調査と、その結果に基づく教育研修、人材育成コンサルティングに 35 年以上従事している。ダイバーシティ・マネジメントやキャリアデザイン、次世代リーダー育成や管理者研修など多数の講師実績をもつ。

※本書に関するご質問やお問い合わせは下記までご連絡ください。
career@cnbs.jp
HP：http://cnbs.jp/

成果・イノベーションを創出する
ダイバーシティ・マネジメント大全

2020 年 11 月 1 日　初版発行

発 行　**株式会社クロスメディア・パブリッシング**

発 行 者　小早川 幸一郎
〒151-0051　東京都渋谷区千駄ヶ谷 4-20-3 東栄神宮外苑ビル
https://www.cm-publishing.co.jp
■ 本の内容に関するお問い合わせ先 .... TEL（03）5413-3140 ／ FAX（03）5413-3141

発 売　**株式会社インプレス**

〒101-0051　東京都千代田区神田神保町一丁目 105 番地
■ 乱丁本・落丁本などのお問い合わせ先 .... TEL（03）6837-5016 ／ FAX（03）6837-5023
service@impress.co.jp
（受付時間　10:00 ～ 12:00、13:00 ～ 17:00　土日・祝日を除く）
※古書店で購入されたものについてはお取り替えできません

■ 書店／販売店のご注文窓口
株式会社インプレス 受注センター .... TEL（048）449-8040 ／ FAX（048）449-8041
株式会社インプレス 出版営業部 .... TEL（03）6837-4635

カバーデザイン　萩原弦一郎（256）　　　　校正・校閲　konoha
本文デザイン　安井智弘　　　　　　　　　　印刷・製本　株式会社シナノ
©Naoya Nishimura 2020 Printed in Japan　　ISBN 978-4-295-40462-0 C2034